职业教育"产教融合项目"创新成果教材
电子商务专业"互联网+"新形态教材

网店内容编辑

厦门一课信息技术服务有限公司　组　编
主　编　席　波　郑卫华
副主编　周　旺　方德花　叶小濛
参　编　王　键　龙九清　任佃兵　刘　辉
　　　　肖严芳　朱旌阳　姜肖彬　乐传显

机械工业出版社

本书由企业优秀新媒体编辑人员与具备多年实战教学经验的教师合作开发，是为职业院校开发的一门文案必备岗位基础课程。

本书一共分为三个项目：项目1简要介绍网店内容编辑的主要工作类别；项目2讲解了网店内容编辑常用工具，包括文字处理、图片处理、H5页面、视频处理；项目3深度解析软文、销售信、公众号文案、电商文案、产品文案等几种文案的编辑技巧。

本书与资源库结合能够进行信息化教学，提供大量教学辅助与配套材料，借用大量微课技术，可作为职业院校和各类培训机构电子商务专业的入门教材，也适用于有志从事电子商务行业的朋友们。

图书在版编目（CIP）数据

网店内容编辑/席波，郑卫华主编. —北京：机械工业出版社，2020.8（2025.6重印）
职业教育"产教融合项目"创新成果教材　电子商务专业"互联网+"新形态教材
ISBN 978-7-111-66206-8

Ⅰ.①网… Ⅱ.①席… ②郑… Ⅲ.①网店—设计—职业教育—教材
Ⅳ.①F713.365.2

中国版本图书馆CIP数据核字（2020）第137251号

机械工业出版社（北京市百万庄大街22号　邮政编码100037）
策划编辑：邢小兵　　责任编辑：邢小兵　李　兴
责任校对：朱继文　　封面设计：鞠　杨
责任印制：常天培
河北虎彩印刷有限公司印刷
2025年6月第1版第4次印刷
184mm×260mm・14印张・309千字
标准书号：ISBN 978-7-111-66206-8
定价：58.00元

电话服务　　　　　　　　网络服务
客服电话：010-88361066　　机　工　官　网：www.cmpbook.com
　　　　　010-88379833　　机　工　官　博：weibo.com/cmp1952
　　　　　010-68326294　　金　书　网：www.golden-book.com
封底无防伪标均为盗版　机工教育服务网：www.cmpedu.com

前言

随着我国互联网行业的发展，网络媒体竞争逐渐激烈，内容为王的理念被视为网站发展的重点，网络编辑职业的发展日益引起业界和相关领域的密切关注。网络编辑者是技术与人文之间沟通的桥梁，他们不仅是技术平台的运用者、操作者，也是信息人文价值的开掘者，那么，这就对网络编辑人员的素质与综合能力提出了高要求。

本书的内容主要有以下特点：

1. 内容全面，案例丰富，实战性强

本书针对网店内容编辑岗位，全面详细地介绍了从事网店内容编辑岗位所需掌握的知识与技能。书中以项目为载体，采用"任务分析—情境引入—教师点拨—相关知识—学生演练—考核评价"的结构，让读者能够学练结合。书中案例丰富，实用，读者可以借鉴书中的案例进行演练，也可以在此基础上进行拓展提升，从而快速理解和掌握岗位技能。

2. 教学资源丰富，附加值高

书中延伸阅读的文章、案例、视频、动画等资源内容都是与网店内容编辑相关的知识和技能，有兴趣的读者可以扫描其中的二维码阅读。本书还提供了PPT课件、素材、教案、习题、实训指导书等丰富的配套教学资源，附加值极高，帮助读者更好地掌握所需的知识与技能。

本书设计了3个项目，10个任务，全书的具体内容和学时安排见下表。

本书的内容结构及课时安排

序号	教学任务	教学内容	教学目标	课时
项目1 初识网店内容编辑					
1	认识网店内容编辑及其工作技巧	1. 认识新媒体编辑 2. 认识营销文案编辑	1. 认识并了解新媒体编辑 2. 掌握营销文案编辑	6
项目2 掌握网店内容编辑工具的使用				
1	学会文字处理技能	1. 掌握文字基础排版技能 2. 熟悉文字优化排版技能 3. 掌握文字创意排版技能 4. 学会制作云文字技能	1. 掌握文字基础排版 2. 掌握文字优化和创意排版 3. 掌握创意云文字的制作方法	4
2	掌握图片处理技能	1. 熟悉图片处理的3种常用工具 2. 熟悉图片处理的3个技巧 3. 掌握常用图片制作的5种操作方法	1. 掌握常见的图片处理工具的使用方法 2. 掌握图片处理的技巧 3. 熟悉常见图片的处理方式	4
3	学会制作H5页面	1. 熟悉H5页面的5种类型与4种表现形式 2. 熟悉H5页面的4大设计要素 3. 掌握H5页面的制作方法	1. 认识并了解H5页面 2. 掌握H5页面的设计流程 3. 熟悉H5页面的制作步骤	8
4	学会使用视频工具	1. 熟悉PC端和手机端的视频制作工具 2. 掌握视频下载与格式转换的技巧 3. 掌握PC端和手机端的视频编辑流程	1. 熟悉主流视频编辑工具 2. 懂得简单的视频处理 3. 熟悉视频编辑流程	4

（续）

序号	教学任务	教学内容	教学目标	课时
项目3 掌握各种软文文案的写作技巧				
1	掌握软文的写作技巧	1. 认识软文 2. 掌握软文的写作技巧 3. 软文写作实训	1. 认识并了解软文 2. 掌握软文写作技巧 3. 掌握软文的实际写作	6
2	掌握销售信的写作技巧	1. 认识销售信 2. 掌握销售信的写作技巧 3. 销售信写作实训	1. 认识并了解销售信 2. 掌握销售信的写作技巧 3. 实际掌握销售信的写作	6
3	掌握公众号文案的写作技巧	1. 掌握公众号文案标题的写作技巧 2. 掌握公众号文案正文逻辑的5个方面 3. 公众号文案创作实训	1. 掌握常见的标题写作技巧 2. 掌握公众号文案正文逻辑的梳理技巧 3. 熟悉公众号文案创作的流程和技巧	6
4	掌握电商文案的写作技巧	1. 认识电商文案 2. 掌握电商主图文案写作技巧 3. 掌握电商海报文案写作技巧 4. 掌握电商详情页文案写作技巧	1. 了解电商文案 2. 熟悉主图文案、海报文案和详情页文案写作要点及技巧	8
5	掌握互联网产品文案的写作技巧	1. 学会挖掘产品卖点 2. 掌握互联网产品文案逻辑的5个方面 3. 高格调产品文案制作实训	1. 懂得挖掘产品卖点 2. 学会梳理互联网产品文案逻辑 3. 懂得制作高水平的产品文案	8
建议总课时				60

  本书是由厦门一课信息技术服务有限公司组织编写的"职业教育'产教融合项目'创新成果教材""电子商务专业'互联网+'新形态教材"，邀请到全国职业院校众多一线电子商务教师承担具体编写任务。本书由席波、郑卫华担任主编，周旺、方德花、叶小濛担任副主编，参与编写的还有王键、龙九清、任佃兵、刘辉、肖严芳、朱旌阳、姜肖彬、乐传显。

  本书在编写的过程中，参阅了诸多同行的著作文献，在此一并表示衷心的感谢。由于作者水平有限，书中难免有不足之处，恳请各位专家、广大读者批评指正并提出宝贵意见，以便使本书得以不断完善。

编 者

目录

前言

项目1 初识网店内容编辑 ... 1
任务 认识网店内容编辑及其工作技巧 ... 2
- 分任务1 认识新媒体编辑 ... 3
- 分任务2 认识营销文案编辑 ... 5
- 技能小结 ... 13
- 技能演练 ... 13

项目2 掌握网店内容编辑工具的使用 ... 15
任务1 学会文字处理技能 ... 16
- 分任务1 掌握文字基础排版技能 ... 16
- 分任务2 熟悉文字优化排版技能 ... 22
- 分任务3 掌握文字创意排版技能 ... 28
- 分任务4 学会制作云文字技能 ... 30

任务2 掌握图片处理技能 ... 38
- 分任务1 熟悉图片处理的3种常用工具 ... 38
- 分任务2 熟悉图片处理的3个技巧 ... 46
- 分任务3 掌握常用图片制作的5种操作方法 ... 58

任务3 学会制作H5页面 ... 81
- 分任务1 熟悉H5页面的5种类型与4种表现形式 ... 81
- 分任务2 熟悉H5页面的4大设计要素 ... 87
- 分任务3 掌握H5页面的制作方法 ... 93

任务4 学会使用视频工具 ... 98
- 分任务1 熟悉PC端和手机端的视频制作工具 ... 98
- 分任务2 掌握视频下载与格式转换的技巧 ... 105
- 分任务3 掌握PC端和手机端的视频编辑流程 ... 112

- 技能小结 ... 129
- 技能演练 ... 129

项目3 掌握各种软文文案的写作技巧 ... 131
任务1 掌握软文的写作技巧 ... 132
- 分任务1 认识软文 ... 132
- 分任务2 掌握软文的写作技巧 ... 137
- 分任务3 软文写作实训 ... 142

任务2 掌握销售信的写作技巧 ... 151
- 分任务1 掌握销售信标题及正文的写作技巧 ... 151
- 分任务2 销售信写作实战 ... 157

任务3 掌握公众号文案的写作技巧 ... 161
- 分任务1 掌握公众号文案标题写作技巧 ... 161
- 分任务2 掌握公众号文案正文逻辑的5个方面 ... 170
- 分任务3 公众号文案创作实训 ... 172

任务4 掌握电商文案的写作技巧 ... 178
- 分任务1 认识电商文案 ... 178
- 分任务2 掌握电商主图文案写作技巧 ... 179
- 分任务3 掌握电商海报文案的写作技巧 ... 184
- 分任务4 掌握电商详情页文案写作技巧 ... 188

任务5 掌握互联网产品文案的写作技巧 ... 203
- 分任务1 学会挖掘产品卖点 ... 203
- 分任务2 掌握互联网产品文案逻辑的5个方面 ... 207
- 分任务3 高品质产品文案制作实训 ... 210

- 技能小结 ... 215
- 技能演练 ... 215

参考文献 ... 217

项目 1 初识网店内容编辑

作为新媒体时代的新兴职业,网络编辑为互联网的高速发展和网络传媒的快速成长添砖加瓦。网店内容编辑涉及多个岗位,相关从业人员一直呈现增长态势,据有关方面估算,目前全国网络编辑从业人员已达到 600 万以上。作为有志于从事网店内容编辑的我们而言,认识网店内容编辑的各个岗位及其职责有着重要的意义。

项目内容

本项目主要从新媒体网络编辑和营销文案编辑两个方向来介绍网店内容编辑,使学生了解网店内容编辑的相关岗位以及从事该岗位需要具备的基本知识和技能要点。

项目目标

- 了解网络编辑的整体情况。
- 掌握新媒体编辑及营销文案编辑的特点、现状。
- 熟练掌握新媒体编辑及营销文案编辑的工作内容。

任务　认识网店内容编辑及其工作技巧

任务分析

互联网时代，看报纸的人少了，低头刷手机的人多了。无数的互联网企业正是看到了这一点，在互联网内容服务上不断开疆拓土，网店内容编辑的从业群体不断扩大，人才需求量也与日俱增。要想从事网络编辑工作，跻身互联网从业者行列，我们首先需要认识网络编辑，了解网络编辑的工作类别，从而给自己确定一个更加明确的职业定位。

情境引入

编辑是一种职业，主要是指从事专业的文字工作人员。编辑在中国最早可以追溯到商代。到了近现代，文化活动和科技活动不断发展，编辑工作的内涵也得到了扩大。尤其是移动互联网飞速发展的今天，编辑工作迅速网络化，从报刊、广播、电视等传统媒体向以微博、微信、今日头条等数字技术和网络技术高度集中的新媒体转移，并派生出传统媒体编辑、新媒体编辑和营销文案编辑等类别。

本任务通过简要介绍网络编辑的主要工作类别，让学生认识和了解网络编辑的工作情况。

教师点拨

网络编辑是指利用相关专业知识及计算机技术和互联网技术等现代信息技术，从事互联网网站内容建设的人员。网络编辑是互联网时代下形成的一种特殊职业，从业人员数量在最近几年内快速增长，并超过传统媒体从业人员数量。网络编辑岗位已成为同程序员、网络客服比肩的互联网岗位之一。该岗位需求每年以超过 20% 的比例增长。

依据《国家职业标准：网络编辑员》的规定，我国将网络编辑职位分为网络编辑员、助理网络编辑师、网络编辑师和高级网络编辑师 4 个等级。网络编辑又可以分为传统媒体编辑、新媒体编辑和营销文案编辑等，如图 1-1 所示。

图 1-1　网络编辑的主要工作类别

分任务 1　认识新媒体编辑

一、认识新媒体

近年来，随着计算机网络技术的不断发展，媒体形态也发生着巨大的变化。新媒体的产生，给传媒事业发展带来了一股强劲的新生力量。新媒体依托传统媒体的传播媒介、生产模式、宣传模式不断发展，在节目形式、内容方面不断发生变化，新媒体和传统媒体相互影响，推动中国传媒行业的发展，如图1-2所示。

图 1-2　新媒体

对于新媒体的定义至今没有定论。清华大学熊澄宇教授认为，新媒体是一个相对的概念，媒体是信息载体，新是相对旧而言。一种新出现的信息载体，其受众达到一定的数量，这种信息载体就可以称为"新媒体"。一般认为"新媒体"就是指继报刊、广播、电视之后在新的技术支撑体系下出现的媒体形态，主要包括互联网、网络广播、网络电视、手机电视、数字杂志、数字报纸、数字广播、手机短信、移动电视、触摸媒体等。

1. 新媒体的特点

新媒体打破了传统媒体对信息的垄断，以其开放、无处不在和不受约束的表达，改变了传媒的秩序，影响和改变着人们的生活方式。新媒体为观众带来了更为丰富的选择和多元化的信息服务，具有双向互动的特点，观众在内容选择方面拥有了更大的自主权，可以充分按照自己的意愿制定个性化节目单。

新媒体还具有跨时空的特点。网络电视为传统电视频道和新兴电视业务开辟了通达观众的新途径。当数字电视和网络电视技术应用到手机电视、车载移动电视和楼宇电视等新型媒介形态时，观众的收视行为再也不限制于室内。新媒体打破了空间限制，帮助媒体和广告商锁定传统电视难以把握的年轻人和高收入群体。

2. 新媒体与传统媒体的差别

（1）市场的差异。传统媒体的运营主体通常是国营企事业单位，具有一定垄断性的特征，而新媒体诞生于互联网，它始终就处在激烈的市场竞争环境之中。

（2）受众的差异。传统媒体是"主导受众型"，而新媒体是"受众主导型"，在互联网媒体环境中，受众有更大的自主选择权。

（3）写作的差异。传统媒体写作结构严谨，内容要求精确；新媒体关注的是速度快、文章短，标题的制作是大白话、直截了当、突出重点。

（4）版面的差异。传统媒体如报纸有版面的规律，如报纸版面的轻重、主次，标题的处理、版面区域的安排等；新媒体是以时间流分配信息的，没有平面布局的概念。

（5）管理的差异。传统媒体发展至今已经有非常清晰的管理机制和结构，编辑至上，轻视市场；新媒体的管理机制相对灵活，对技术的重视也有区别，在网站决策层中技术人员的分量重。

（6）时效的差异。传统媒体有明确的发布时效、时段，定时定量，这种传播时效决定了受众的关注也有时段性；新媒体 24 小时在滚动，每天必须很多次关注，才不会漏掉重要新闻。

3. 新媒体的发展前景

新媒体仍然属于朝阳行业，各种类型的 APP 充斥着我们的生活，成为我们生活的一部分。随着移动互联网和智能硬件的发展，新媒体借助机遇迅猛发展，将我们碎片化的时间充分利用起来，形成了如今日头条、抖音短视频等行业独角兽。由于新媒体时代受众对信息的获取更加主动，新媒体将向精细化、专业化发展，大而全的公司不见了，小而美的公司将更好地生存下去。

二、掌握新媒体编辑工作技巧

1. 新媒体编辑工作内容

新媒体编辑的具体工作内容随公司运营的方向而有所差异，但大体上是相近的，以下是新媒体编辑主要的工作内容：

（1）根据网站（含 APP、微信及公众号、微博、博客、论坛）发展的总体方向，策划、建设相关的栏目。

（2）负责网站的相关栏目的信息搜集及编辑工作。

（3）负责网站的内容的日常更新、维护、审核及发布等工作。

（4）负责网站的文章的撰写、整合及优化等相关工作。

（5）负责微博和微信的内容发布、粉丝互动、话题制造及活动执行。

（6）跟踪分析微博及微信等新媒体的数据分析。

（7）协助运营的策划、推广和数据分析。

（8）特殊情况需要进行采访的，给予协助并完成采访稿件撰写等。

2. 新媒体编辑基本素养

新媒体编辑的工作对个人的综合能力要求极强，不仅需要从业者有专业知识，而且还要掌握如 Dreamweaver、Fireworks、Flash、Photoshop 等相关计算机软件的操作。图 1-3 所示为三项新媒体编辑从业者所需具备的基本素养。

图1-3 新媒体编辑基本素养

（1）敏感。敏感的人更适合做新媒体，善于捕捉网络中的热点。无论是纯媒体还是企业的新媒体，对热点的把握都是关键。敏感的第二层含义是对要点的快速领悟，要能够从别人的谈话或者从网络热点信息中，快速提炼核心主题，并围绕这个主题编写文章。

（2）整合。新媒体编辑需要有较强的整合素材、资源的能力。整合素材，是指编辑从许许多多的素材中发掘之间的关联力，然后将有用的素材整合成一篇文章。对于企业类媒体编辑而言，优秀的资源整合能力是其核心素养。如果编辑人员能把自己当作企业首席社交官，从人文的角度出发，整个公司都是可以整合的对象。

（3）文采。所有的事情都可以找到发生的结构和场景，它的存在是有逻辑的，它的发生是有走向的，文采是为这些内在的逻辑服务的，不能只看文章的文字特别。当然，行文别具一格，是一个作者有创作力的基本表现，独特才证明有活力。

分任务2　认识营销文案编辑

一、认识营销文案

1. 什么是营销文案

很多人一提起营销，第一印象就是"忽悠人的""让你掏钱的""跟传销差不多"。一提到文案，就觉得文案不就是写字吗？我也会！但，你真的懂营销，懂文案吗？

如图1-4所示，营销文案其实无所不在、无孔不入，电视广告文案、网络广告文案、产品文案甚至街上店铺的名字也是文案，只要是有经济活动的地方都有营销文案。今天我们所接触的手机APP如微信、微博、知乎、今日头条、手机百度、天猫、抖音等，每一个平台都有极大的流量，而每一个平台都起码有20%以上的营销内容，我们在无形中可能就被营销了。比如你看到的知乎回答，一定能保证作者不是在营销吗？

那么，什么是营销文案？

首先，我们来看看一些耳熟能详的营销文案：

脑白金：年轻态，健康品。

王老吉：怕上火，喝王老吉。

天猫：上天猫，就购了。

海飞丝：去屑实力派，当然海飞丝。

李宁：一切皆有可能。

农夫山泉：我们不生产水，我们只是大自然的搬运工。

图1-4　脑白金

这些都是我们再熟悉不过的营销文案，虽然看似简单，但却能不断地通过广告刺激我们的大脑，让我们记住这个产品或品牌。

2．营销文案的重要性

如今我们生活中的每一个场景都逐渐被营销信息所占据，新媒体也正以迅猛的速度覆盖广大人民大众的生活，未来人们的消费可能不再单纯地取决于产品的好坏，毕竟社会发展到了一定程度，产品的内在差距已经非常小了，更大的影响因素可能会是营销，营销文案的地位与作用也开始逐渐凸显出来。下面以王老吉和小米为例简要介绍营销文案的重要性：

（1）王老吉的一字之差。王老吉是王老吉凉茶的品牌，创立于清道光年间，创始人为凉茶始祖王泽邦，现为广州王老吉大健康产业有限公司的凉茶产品，如图1-5所示。王老吉凉茶传承百年经典秘方，优选天然中草药，运用现代科技研发而成，严格执行"五级质量保障体系"，凭借着一流的品质、卓越的口感畅销全国，成为"消费者更满意的茶饮料品牌"，品牌价值高达108亿元。

王老吉以前的营销文案是"上火了，喝王老吉"，现在的是"怕上火，喝王老吉"。"上火了"表明你已经上火了，生病了才会去喝，定位是药茶，消费人群是小众；而"怕上火"表明无论你是否已经上火都可以喝，定位是饮料，消费人群一下子就变成大众了。

仅一字之差，王老吉的销量却发生了翻天覆地的变化，其原因在于王老吉重新定位，合理借助文案的力量。

图1-5　王老吉

（2）小米为发烧而生。小米公司成立于2010年3月，是一家以手机、智能硬件和IoT平台为核心的互联网公司，创业仅7年时间，年收入就突破了千亿元人民币。截至2018年，小米的业务遍及全球80多个国家和地区。小米的使命是，始终坚持做"感动人心、价格厚道"的好产品，让全球每个人都能享受科技带来的美好生活。小米公司应用了互联网开发模式开发产品的模式，用极客精神做产品，用互联网模式去掉中间环节，致力于让全球每个人，都能享用来自中国的优质科技产品。

"为发烧而生"这是小米创立时的产品宣传语，"发烧友"这三个字给人的印象就是对某个行业非常痴迷，能够花巨大的时间精力去钻研产品的小众群体，如图1-6所示。

图1-6　小米为发烧而生

小米的竞争优势本质上是高性价比，即配置高、系统好、价格还比其他的厂商低。但是大多数人心中有个疑问就是"便宜没好货""一分价钱一分货"，为什么你就能比其他的手机便宜那么多？肯定是你的手机质量比较差，我才不买低端机！"为发烧而生"就很好地解决了这个问题。它让人觉得小米手机是独具特色的，其性价比高且为了发烧友而生。小米手机1发布初期便使用了这个文案，一时间名声大噪，使得小米公司自创办以来一直保持着令世界惊讶的增长速度，创立八年即赴香港上市。

二、掌握营销文案编辑工作技巧

1. 营销文案编辑工作内容

不同行业的营销文案编辑工作内容有一定的差异，但大体上类似，主要的工作内容如下：

（1）基于对互联网推广模式的理解，对市场产品的竞争力、营利模式、推广模式进行准确定位。

（2）根据商业需求，运用创意和策划，将产品包装成商品。

（3）网站市场推广的各类文本、文案的撰写。

(4)负责宣传推广文案及宣传资料文案的撰写。

(5)负责公司对外媒体和广告软文的撰写。

(6)定期跟踪行业资讯,撰写行业快讯。

(7)负责媒体软文和广告资料的搜集与整理。

2. 如何做好营销文案

作为从事营销文案编辑的人,想要做好这份工作,必须在文案创作的过程中添加更多的"妙计"在里面,这样才能够让文案在众多营销文案中脱颖而出,具体可以这样做:

(1)文案内容具备权威性。在创作文案之前,必须要对所写的企业和行业有一定的了解,另外,还需要具有清晰的逻辑思路来为文案内容的专业性保驾护航。

例如,在做心理学类的专题时,对人的心理情感要非常了解,才能写出专业性强的文章。再如,做微商文案时,必须对微信运营有一定的实践经验,对微信运营知识有充分的了解。读者变得很挑剔,内容水分太重,关注的人必然不多。无论是哪个备受关注的微信公众号,它的内容应当具有一定的专业性和权威性。

(2)吸引人的标题或话题。拥有一个吸引人的标题或话题,能够提升文案的关注度,吸引读者的眼球。这样的文案才不会在信息爆炸的时代被快速淹没,借助标题或话题,把读者的注意力吸引到内容上,再通过内容将读者引导到营销圈子里,达到营销的目的。

(3)注重读者的需求。文案的成功关键在于对读者要有价值,要能够抓住读者的心理,同时进行引导性的商业营销。因此,营销文案编辑每天发的内容并不是为了完成任务,而是要考虑到这会给用户带来哪些益处、他们会不会接受、有没有兴趣转发等,做到不被读者排斥,然后一步步引导读者,达到营销的目的。

(4)紧抓社会热点。热点永远是文案创作时需要抓住的重点,以激发读者的热情,这也被称为"借势营销"。因此,营销文案编辑要做一个视野广泛、关心社会热点的人,在编写文案的时候,及时地抓住最受关注的社会新闻、事件以及人物等,再结合品牌的传播性,能够大有所获。但不是任何热点都可以用来蹭热度的,要注意正确的价值导向,弘扬正能量且时事热点是与产品或服务相关的。

(5)观点要特立独行。一个优秀的营销文案一定要显示出自身的与众不同,不能照抄照搬别人的观点。不一样的观点,会像吸盘一样吸引众多人的目光,让关注度提升。特立独行是指有自己的想法与见解,而不是人云亦云。但特立独行不代表可以歪曲事实、信口雌黄或是与主流价值观相悖。在实操中应理性分析、客观评价。

(6)引发情感共鸣。曾有一封被网友称为"史上最具情怀的辞职信"引发网络热议。尽管当事人的辞职理由仅有短短的10个字:"世界那么大,我想去看看",但是引发了众多网友的情感共鸣。随后,"花儿那么艳,我想去摘摘""太阳那么热,我想去躲躲""烟花那么美,我想去摸摸"等模仿体相继出现。

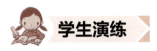
学生演练

根据以下步骤,登录一个或者多个招聘网站,见表1-1,选择未来意向就业城市,根据给出的关键词进行岗位信息搜集,并进行统计,最后得出该城市企业对网络编辑岗位的真实需求情况。

表1-1 各大招聘网站表

网站名称	登录网址	查询关键词
赶集网	http://www.ganji.com/	网络编辑
Boss直聘	https://www.zhipin.com/	编辑
前程无忧	https://www.51job.com/	新媒体
58同城	https://www.58.com/job/	网文编辑
		文案编辑
(厦门)人才网	https://www.xmrc.com.cn/	……

步骤01:进入招聘网站并选择城市,从给出的各大招聘网站中选择1~2个,查询网络编辑在本市或者意向就业城市的招聘情况。下面以厦门人才网为例(厦门人才网为地方性招聘网,因此不需要选择城市),如图1-7所示。

图1-7 厦门人才网首页

步骤02:搜索职位关键词,在"厦门人才网"首页搜索框中输入关键词"网络编辑",如图1-8所示,单击"搜索职位"确认查询,结果如图1-9所示。

网店内容编辑

图1-8　厦门人才网——职位关键词查询

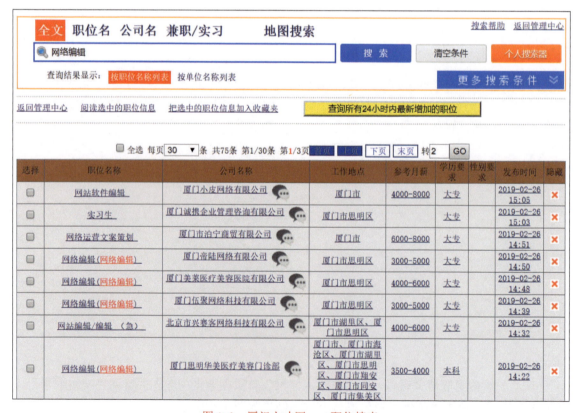

图1-9　厦门人才网——职位搜索

步骤03：查看招聘详情。单击招聘信息，查看职位基本要求、职位职责和职位要求，结果如图1-10和图1-11所示。

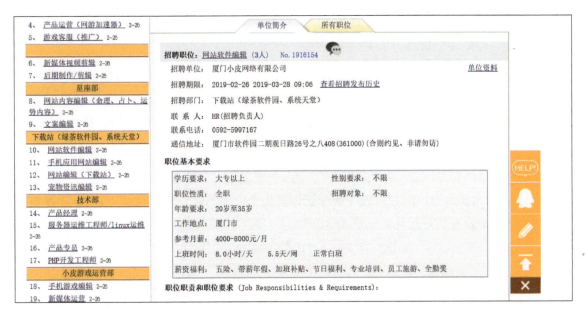

图1-10　招聘详情1

图1-11　招聘详情2

步骤04：寻找岗位共同信息。由于企业需要根据招聘网站给出的模板发布招聘信息，所以我们可以得出每个企业岗位招聘的共同点，并做成一份表格，见表1-2。

表1-2　网络编辑岗位招聘需求表

学历要求	大专（含）以上	参考月薪	4000～8000元/月
工作地点	厦门市	工作时间	8h/天、5.5天/周、正常白班
薪资福利	五险、带薪年假、加班补贴、节日福利、专业培训、员工旅游、全勤奖		
岗位职责	1. 负责收录整理各类软件教程，软件评测，游戏攻略； 2. 平台日常更新与维护，收集与处理用户意见及反馈； 3. 平台频道管理与栏目发展规划，促进平台知名度提高。		
任职要求	1. 具备优秀的表达能力和写作功底，文案、专题策划能力； 2. 对互联网发展敏感，了解并喜欢社区、论坛、微博等； 3. 热爱游戏、喜欢文学优先； 4. 有良好的职业心态，积极主动，认真负责，学习能力强，沟通协作能力优秀。		

步骤05： 收集数据，汇总成表。继续查询其他企业的招聘信息（至少15个），搜集上个表格中的信息，并做好统计，见表1-3。

表1-3　各企业网络编辑岗位招聘信息统计表

信息统计表（20份）			
学历要求	中专（含）以上：1家 大专（含）以上：17家 本科（含）以上：2家	参考月薪	起薪3000元：7家 起薪4000元：8家 起薪5000元：5家
相关岗位	网络编辑、文案策划、新媒体运营（抖音）、新媒体专员、自媒体运营、网站文案	工作时间	8h/天和5天/周：10家 8h/天和5.5天/周：5家 8h/天和6天/周：2家 7.5h/天和6天/周：2家 7.5h/天和5天/周：1家
岗位职责	1. 熟悉自媒体/新媒体后台操作，负责企业各平台的日常更新与维护； 2. 具备一定的采写能力，能够独立完成相关信息的采集和撰写。		
任职要求	1. 对文字功底和信息采集能力要求较高； 2. 对微博、微信、抖音、快手等互联网产品比较熟悉； 3. 态度方面要求做事认真负责、头脑灵活，性格开朗，有责任感和进取心，有创新精神，执行力强。		

步骤06： 根据统计结果得出岗位基本情况。从统计结果来看，厦门市的企业对网络编辑职业的岗位需求集中在网络编辑、新媒体运营、文案策划；学历要求普遍在大专（含）以上；应届生月薪在3000～4000元；上班时间为正常白班，五天八小时工作制。

对任职的要求不是很高，主要要求能力上有一定文字功底和经常接触到主流新媒体产品，态度上要求做事认真负责等；在岗位职责上主要工作内容相似，即采集、编辑并发布内容到各大新媒体平台。

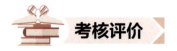
考核评价

认识网络编辑及其工作技巧考核评价表，见表1-4。

表 1-4　认识网络编辑及其工作技巧考核评价表

序号	评价内容	得分 / 分			综合得分 / 分
		自评	组评	师评	
1	选择招聘网站并输入关键词				
2	得出某一家企业对网络编辑岗位的需求				
3	收集 15 家以上的企业对网络编辑岗位的招聘情况,并得出信息统计表				
4	根据信息统计表得出结论				
	合计				

1. 以下哪些属于新媒体与传统媒体的差别？（　　）（多选题）
　　A．市场的差异　　　　B．受众的差异　　　　C．版面的差异
2. 新媒体依托传统媒体的传播媒介、_____、_____，不断发展，在节目形式、内容方面不断发生变化，新媒体和传统媒体相互影响，推动中国传媒行业的发展。
3. 新媒体与传统媒体的写作的差异体现在新媒体关注的是速度_____、文章_____，标题的制作是大白话、直截了当、突出重点。
4. 好的营销文案，必须内容具备_____、标题或话题_____、注重读者的_____、紧抓社会热点、观点要特立独行、引发情感共鸣。

项目 2
掌握网店内容编辑工具的使用

在网店内容编辑工作者的日常工作中，为了给用户最优的阅读体验，经常需要对发布的文字、图片、页面、视频等进行处理。而熟练掌握各种网店内容编辑工具的使用是作为一名合格的网店内容编辑工作者的必备素质。

项目内容

本项目内容从任务 2 到任务 5，通过四个任务内容的讲解，采用理论与实训一体化的方式，让学生掌握网店内容编辑的文字处理、图片处理、H5 页面制作、视频处理的技能。

项目目标

- 学会网店内容编辑中文字的基础排版、优化排版、创意排版以及云文字的制作技巧。
- 熟悉图片处理的常用工具以及操作方法，并掌握几种常用图片的处理技巧，如封面图、icon 图标、九宫图、GIF 图、信息长图。
- 了解 H5 页面的类型、表现形式、设计流程并掌握 H5 页面的制作步骤。
- 熟悉视频编辑与制作的常用工具以及视频简单处理的方法，并掌握 PC 端和手机端视频编辑流程。

任务1　学会文字处理技能

 任务分析

在当今社会下,"颜值"即是正义,谁能抓住读者的眼球,那就意味着拥有了更多的资源和竞争力,新媒体更是如此。干净整洁的排版,能给予用户更好的阅读体验,而视觉创意优秀的排版,则更是能强调文章情感,突出文章主题。因此,文字处理是网店内容编辑人员必须掌握的技能之一。

 情境引入

作为一名合格的网店内容编辑工作者,不单要写得一手好文章,更要重视编辑排版的规范。在碎片化、快节奏的新媒体时代里,优秀的排版可以让文章结构更加清晰,表达逻辑更为顺畅,读者容易理解,便于快速浏览,同时也能让文章整体美观大方,增强视觉传达效果,赋予版面审美价值,真正地让阅读成为享受。

本任务选取了多个优秀公众号,以它们的文章排版为例,贯通全文,全方位讲解文字处理的作用和重要性,重点剖析文字排版的技巧方法以及创意文字云的制作流程。

 教师点拨

分任务1　掌握文字基础排版技能

一、掌握文字基础排版

微信公众号文字排版的目的不是让读者关注排版形式,而是通过排版呈现内容,便于读者理解。因此,遵循基础的排版规则,将文字舒服自然地呈现在读者面前即可。

基础的排版内容包括颜色、字号、行间距、段间距、字间距、页边距、文字链等。

1. 颜色

纯黑色字体相较于白色屏幕,会形成强烈的对比冲突,反差太强显得刺眼,造成阅读体验不佳，因此正文字体颜色尽量不用纯黑色（#000000）。相较之下，字体颜色使用灰色较为适宜。

下面列举三个看起来比较舒服的颜色及其 RGB 数值，以 #000000 默认黑色为对比，如图 2-1 所示。

图 2-1　颜色对比

关于颜色的进一步学习内容，ColorHexa 网站（ColorHexa 是一款免费的颜色转换工具，是一个平面美术调色盘。）提供了详细的说明。选择任何一个颜色，都可以得到这个色系的所有颜色，并以渐变的形式展现，每个色块都有色值，以方便使用，如图 2-2 所示。

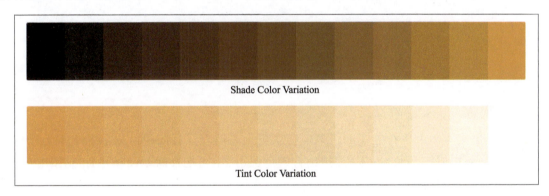

图 2-2　色系

2．字号

不同手机的屏幕尺寸不同，文字展现出来的效果也不同。字号对用户的阅读体验还是有非常大的影响的。单从视觉效果上看，14px、15px、16px 字号是适用性最广泛的，也是读者最为接受的字号大小。这几种字号可在微信公众号后台编辑器内直接选择，也可以使用秀米编辑器和 135 编辑器来调整，如图 2-3 ～图 2-5 所示。

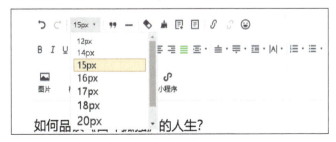

图 2-3　微信公众号后台编辑器

图 2-4　秀米编辑器

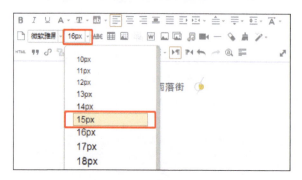

图 2-5　135 编辑器

3．行间距

行间距是文本中上下行之间的距离。在手机上采用默认行间距，显示的文本上行与下行较为拥挤，可以先按下 <Ctrl+A> 快捷组合键全选正文，再把行间距设置为 1.5 倍或 1.75 倍，视觉体验较佳，如图 2-6 所示。

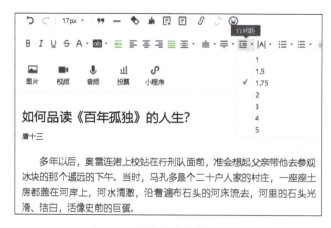

图 2-6　微信文字调整行间距

4．段间距

段间距是指上下段之间的距离，包括段前距和段后距。当字号为 17px 时，正文段前距或段后距设置为 10 或 15 时阅读体验较好，如图 2-7 和图 2-8 所示。

图 2-7　段前距调整

图 2-8　段后距调整

5．字间距

字间距是指字与字之间的距离。在微信后台改版之前并不支持对字间距直接进行编辑，需要借助第三方排版工具，比较麻烦。但现在可以直接在微信公众后台自带编辑器内对字间距进行调整。正文字数较多、内容范围大时，建议字间距选择 1，字数较少时，选择 2 比较合适，如图 2-9 所示。

图 2-9　字间距调整

6．页边距

页边距是指文字两端与页面边缘之间的距离，在手机上表示为文字两端与屏幕边缘之间的距离。在微信公众后台素材管理中可以通过两端缩进来调节页边距，为了不影响阅读，避免阅读页面显得太窄或者太空（宽），数值通常设置为"8"，如图 2-10 所示。

如果微信自带编辑器满足不了想要设置的边距数值，那么可以使用第三方工具来协助完成。

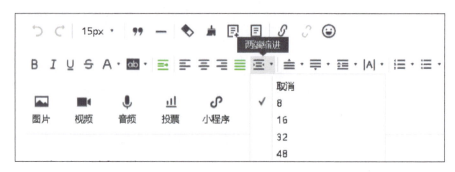

图 2-10　调整页边距

7. 文字链

文字链是内容链接的一种形式，以文字的形式进行呈现，通过单击屏幕上的蓝色字体，即可跳转至提前设置好的网址中。从呈现效果上看，文字链比传统链接更简洁、更高效，且读者抵触心理不会那么严重，同时又可以避免文字与网址的混乱排版。文字链设置前后对比效果如图 2-11 所示。

图 2-11　文字链设置前后对比

文字链适用于微信公众号的对话界面，通常应用途径有"关注自动回复""消息自动回复""关键词自动回复"。创建文字链的方法也很简单，只需要在后台设置"自动回复"时，输入一行代码即可，代码如下：

<a href=" 要添加网址 "> 要输入的文字 </a>

比如，我们要分享一个 ps 学习资源包，推送文字链示例如下：

<a href=" https://pan.baidu.com/s/1a3zfyPTgvLiNmi18LnSQFQ">ps 学习资源包，单击领取 </a>

二、避免过度排版

微信排版的目的在于促进阅读体验，但过度排版也会分散读者的注意力，过于花哨的排版甚至会引起读者反感，给人一种华而不实的感觉，直接拉低了作者（或公众号）在读者心目中的档次。所以以下几种排版方式，在实际应用中要尽量避免。

1．动态背景干扰

公众号是读者获取信息的途径，需要高效、简单的阅读，排版的目的也是为了创造更好的阅读环境，但动态背景扰乱了读者的视线，影响了阅读，容易让读者产生抵触情绪，直接关闭文章。

像雪花飞舞、绚丽灯光、烟火特效等动态效果，随意插入到文章中作为背景，通常会直接拉低文章品质，一定要避免出现，如图2-12所示。

2．颜色过多

一篇文章中的文字颜色要尽量保持统一，如果有特殊安排，也应该控制在三种以内，否则读者就会难以确定哪种颜色的文字是强调部分，导致找不到阅读重点。

如图2-13所示，图片颜色杂乱，毫无重点，读者阅读起来会非常难受。

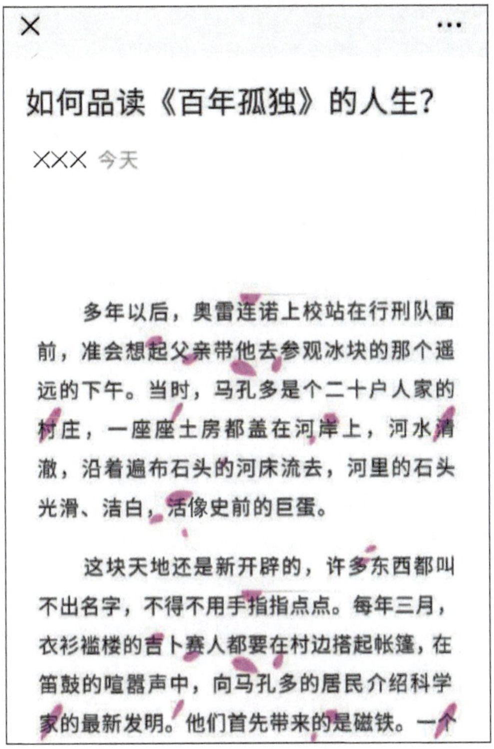

图2-12　动态背景干扰 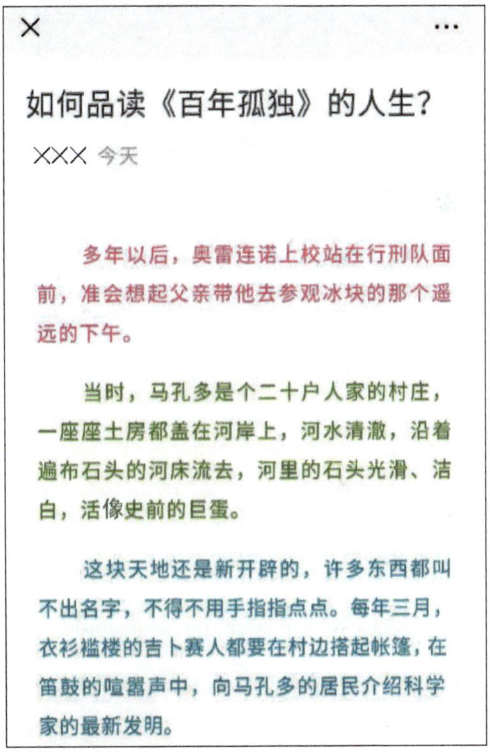　　　　图2-13　颜色过多

3．风格不定

文章风格是加深用户记忆非常有效的方式。如果经常变换风格，会导致公众号整体形象无法呈现，读者无法养成阅读习惯。正确的做法就是保持文章风格，无论是排版上，还是内容上，都应如此（见图2-14）。

4．样式繁杂

使用编辑器会接触到大量的样式，但是在使用样式时必须注意求精而不求多，排版是为了辅助文章阅读，而不是去干扰文章阅读，过多的线条、文字框、箭头堆砌在一起，反而无法将想要表达的内容说清楚。

图2-15所示的三个样式，单个来看似乎还不错，但全部堆砌在一起，反而丧失了特色，在视觉传达上引发错乱。

图2-14　固定的排版风格

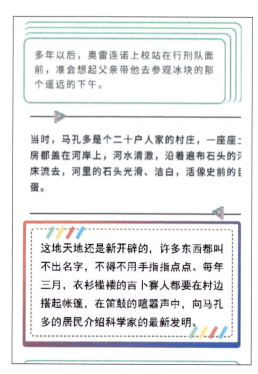

图2-15　样式繁杂

分任务2　熟悉文字优化排版技能

如果说新媒体文章是让作者与读者产生思想上的碰撞或共鸣的武器，那么作者对运营文章版式精美布局就是给读者提供一种视觉上的享受。文章的排版对运营有很重要的作用，它决定了读者是否能够舒适地看完整篇文章，从而确保读者在阅读界面长时间停留。

一、学会段落的首行缩进

段落的首行缩进的形式可以让文章看起来更有段落感，不至于使读者的眼睛产生疲劳感。尽管如此，有的新媒体平台却不适合段落首行缩进。例如，今日头条的内容就不适合传统的段落首行缩进排版，因为采用段落首行顶格排的形式，在手机上版面会更显整齐美观，如图2-16所示。

图2-16　今日头条内容顶格排版形式

根据运营的平台来选择段落首行缩进形式，才是首行缩进的正确使用方法。比如在微信公众号中，文章文字较多且前后联系紧密，可以采用首行缩进2个字符的形式，如图2-17所示。

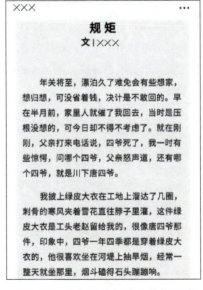

图2-17　公众号首行缩进排版形式

二、巧用要点的加粗调色

运用新媒体平台发布文章的时候，要突出文章的主题和重点，可以使用要点加粗调色的方法。下面以新媒体中具有代表性的微信公众号平台为例进行分析。

1. 要点字体加粗

一般的文本在编辑时，多采用要点字体加粗的方法，这样可以使读者快速地抓住文章的主题和要点，如图 2-18 所示。

1、勇于担当

作为一个靠谱的人，勇于担当责任，这便是让别人对你放心的开始。**勇于担当，指该你做的事情，不管有没有难处，都要主动上；或者当上级与他人将事相托时，不推诿。**

担当，是一个人的责任心、契约精神及勇气、魄力、自控力的综合体现，我认为，其中勇气、魄力、自控力的作用更大一些。我见身边一些人，平常也不乏责任心、契约精神，但面临有较大困难，有挑战性的任务时，也会退缩。

勇于担当与随便承诺不同。**勇于担当的人，事先已预想到困难，做好了付出一定代价与牺牲的准备。**这种人还具备遇难而乐、迎难而上的性格特征。所以，在困难面前能坚持到底。

图 2-18　要点字体加粗

2. 要点字体调色

字体调色与字体加粗有异曲同工之妙，调色可以使文章更加醒目，类似读书学习时的“画重点”，给读者留下深刻的印象。在进行字体颜色设置的时候，要以简单、清新为主，尽量不要在一篇内容中使用多种颜色的字体，这样会让版面看起来非常花哨，导致整篇内容缺少舒适、整齐的感觉。

另外，文字的颜色要以清晰可见为主，不能使用亮黄色、荧光绿等这类让读者看久了容易产生眼睛不舒适的颜色，如图 2-19 所示。

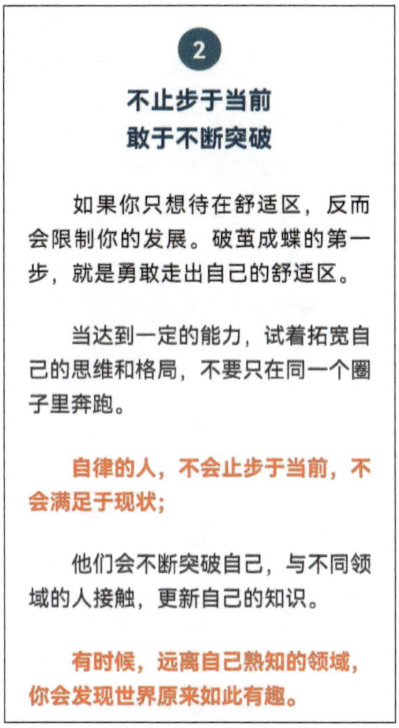
2

不止步于当前
敢于不断突破

如果你只想待在舒适区，反而会限制你的发展。破茧成蝶的第一步，就是勇敢走出自己的舒适区。

当达到一定的能力，试着拓宽自己的思维和格局，不要只在同一个圈子里奔跑。

自律的人，不会止步于当前，不会满足于现状；

他们会不断突破自己，与不同领域的人接触，更新自己的知识。

有时候，远离自己熟知的领域，你会发现世界原来如此有趣。

图 2-19　要点调色

三、善用分割线

分割线是在文章中将两个不同部分的内容分割开来的一条线。虽说它叫分割线，但是它不仅仅是线条这一种形式，它还可以是图片或者其他的分隔符号形式，运营者可以根据自身需要来选择，如图 2-20 所示。

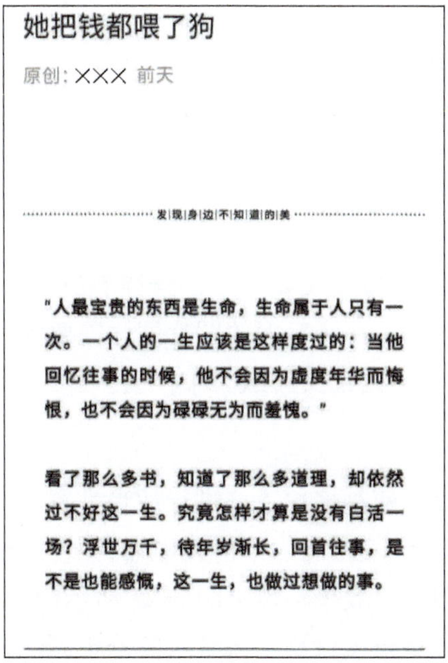
她把钱都喂了狗

原创：XXX 前天

发|现|身|边|不|知|道|的|美

"人最宝贵的东西是生命，生命属于人只有一次。一个人的一生应该是这样度过的：当他回忆往事的时候，他不会因为虚度年华而悔恨，也不会因为碌碌无为而羞愧。"

看了那么多书，知道了那么多道理，却依然过不好这一生。究竟怎样才算是没有白活一场？浮世万千，待年岁渐长，回首往事，是不是也能感慨，这一生，也做过想做的事。

图 2-20　页首分割线

分割线可以用于文章的开头部分,也可以用于文章中间或结尾部分,起到段落分明的效果。借助分割线将文章的内容分开来,能给读者提供提醒功能,同时也能增加内容版面的舒适感,给读者带来更好的阅读体验,如图2-21所示。如果新媒体提供的分割线类型较少,运营者可以借助其他的软件来设计更多的分割线类型。

图2-21　段落分隔

四、注意图文搭配的细节

虽然现在的运营模式支持语音、动画、视频等多种样式,但是大多数新媒体的内容还是以图文结合型为主。新媒体运营者在进行图文排版的时候,如果想让版式看起来更舒适,需要注意以下几点。

1. 图片版式大小一致

在同一文章中,用到的图片与版式要一致,给读者统一、有整体性的感觉。比如,运营者在文章的开头用的是圆形图,那么后面的图片同样需要用圆形图;如果前面是矩形图,后面同样用矩形图,图2-22所示为图文排版大小样例。

2. 图文之间要有间距

图文之间要有间距,在以下两种情况下要进行适当处置。

(1)图片跟文字间要隔开一段距离,不能太紧凑,如果图片跟文字没有适当距离,会让版面显得很拥挤,使读者的阅读效果不佳。图2-23所示即为图文间距处理得较好的例子。

(2)图片跟图片之间不要挤得太紧凑,要有一定的距离,如果两张图片之间没距离,排版就会显得怪异,尤其是连续在一个地方放多张图片的时候,特别要注意图片之间的距离,如图2-24所示，两图片的间距稍微拉开了一些间距，但按全篇的排版布局来看，还是稍显紧凑。

图 2-22　图文排版大小样例

图 2-23　图文排版间距样例 1

图 2-24　图片排版间距样例 2

五、借助第三方编辑器

微信公众号是新媒体运营的重要平台,但平台上所能提供的编辑功能是有限的,只有最简单的内容排版功能。这种简单的排版功能对使用微信公众平台的专业运营者来说就难免显得太单调,很难吸引读者的眼球。

因此,运营者可以借助第三方编辑器来帮助自己设计出更多有特色的内容版式,更有效地吸引读者的眼球。下面列举几个常见的第三方内容编辑器,如图 2-25 所示。

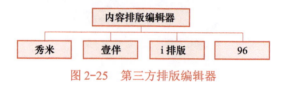

图 2-25　第三方排版编辑器

分任务 3　掌握文字创意排版技能

很多新媒体文章有独特的排版风格,或简洁,或独到,或唯美,让人在阅读的时候感到赏心悦目,给人眼前一亮的感觉。这些区别于普通排版的方法,我们统称为创意排版。

下面列举几个实用性较高的创意排版技巧。

一、留白

在公众号文章的排版中,适当的留白可以增加文章美感,让读者有想象空间,有利于阅读过程中进行思考,阅读体验是非常舒服和轻松的,不感觉压抑。

1. 两端居中留白

图 2-26 所示的留白方式可以突出重点,集中读者注意力,比较适合篇幅不长的文章。排版操作方法也非常简单,用微信自带编辑器或第三方编辑工具,通过设置页边距来实现。配合居中对齐,效果非常不错,字号通常为 14px,页边距在 30 ~ 50mm。

2. 图片留白

配图要依据排版风格来选择,像简约排版风格,就应该搭配简洁、色彩统一的图片。如果文字采用的是留白排版,但插图的屏占比非常大,就会显得非常突兀。

图片留白通常采用 PNG 等格式的透明效果图,或者直接使用白底图片样式来制作留白,如图 2-27 所示。在第三方编辑器的样式中心里,有很多留白的图片样式,可以直接应用。另外,我们还可以在编辑中更换配图,添加阴影等。

3. 段落留白

在一些文章类型比如论文中,为了方便读者理解,会将文章按照意思划分为段落。而在新媒体中,这种分段方法被转化成了段落留白,即段落间留空的方式,以区分段落,方便读者阅读,更好地表达文章的意思。要实现段落留白非常容易,直接在留白处单击 <enter> 键,留空行即可,如图 2-28 所示。

×××

一年中最美的时刻，
莫过于和家人团坐一桌，
共同分享来自天南海北的美食佳肴。

离春节越来越近了，
有多少人已经开始惦记——
年三十儿晚上家里那顿年夜饭了？
说来也怪，现在生活条件这么好，
大家每天吃得也都不差，
可一到春节前夕，
还是会对年夜饭期待满满，
这大概就是所谓的仪式感。

图 2-26　两端居中留白

生命中真正重要的不是你遭遇了什么，而
是你记住了哪些事，又是如何铭记的。

多年以后，

奥雷连诺上校站在行刑队面前，

准会想起父亲带他去参观冰块的那个遥
远的下午。

图 2-27　图片留白

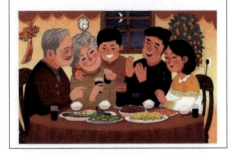

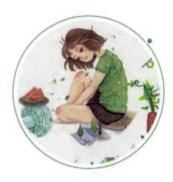

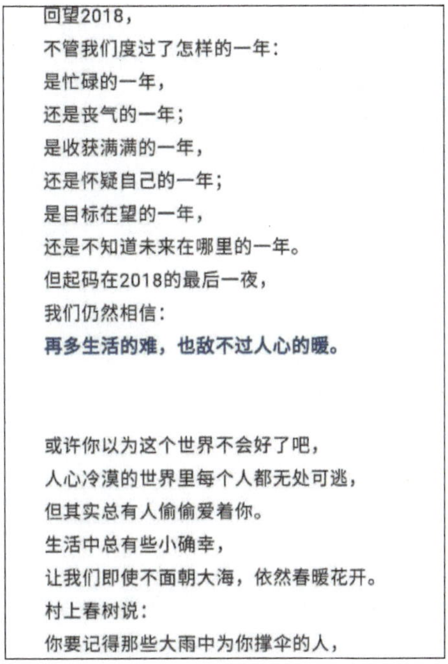
回望2018，
不管我们度过了怎样的一年：
是忙碌的一年，
还是丧气的一年；
是收获满满的一年，
还是怀疑自己的一年；
是目标在望的一年，
还是不知道未来在哪里的一年。
但起码在2018的最后一夜，
我们仍然相信：
再多生活的难，也敌不过人心的暖。

或许你以为这个世界不会好了吧，
人心冷漠的世界里每个人都无处可逃，
但其实总有人偷偷爱着你。
生活中总有些小确幸，
让我们即使不面朝大海，依然春暖花开。
村上春树说：
你要记得那些大雨中为你撑伞的人，

图 2-28　段落留白

二、运用符号

1. 三角符号

在公众号文章中，三角符号的运用是非常广的。正三角"▲"经常居中放在照片下方、注释内容前面，起指示作用。倒三角"▼"经常单独居中成行，用于分隔两部分内容，引出下文，如图2-29所示。

2. 项目符号

有时候，文章中会有一些并列关系的条目和句子，可以用项目符号区分开。各种编辑器中都有列表功能，数字序列是最常见的有序列表，可以区分内容，也可以聚焦重点。数字序列之外还有英文序列、罗马文序列等，如图2-30所示。

图2-29　三角符号的运用

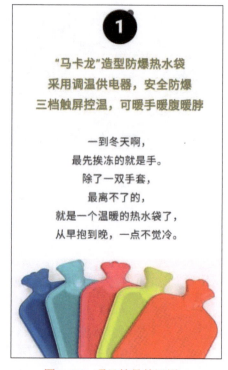

图2-30　项目符号的运用

分任务4　学会制作云文字技能

一、了解文字云的概念和组成

创意文字云是一种文字呈现形式，以图形化排版方式来表达某个概念或形象。

创意文字云由文字和图形组成，文字是围绕着表现主题展开的相关关键词，图形是以主题为核心的相关图片，文字与图形在表达内容和形象展示上互相补充，如图2-31所示，成为一种新型的内容呈现形式。这种文字处理技巧也成为一种新型的文字处理技巧。

图 2-31　文字云

二、熟悉创意文字云的呈现形式

1. 文字决定呈现内容

文字是组成文字云的内容部分，是受众看到文字云后获取文字云信息的核心。文字云中包含大量的字词，这些字词信息紧紧围绕着某一主题或要展现的某一形象而展开，字词对于主题信息描述越详细，越能突出主题。

例如，做一个相关的文字云，"大学生"就是文字云要表现的主题，围绕大学生相关的关键词就可以展开，包括四六级、考研、留学、谈恋爱、社团、学生会、挂科、图书馆、快递、暑假、寒假、聚会、食堂……这些字词都是以"大学生"这个主题展开的。

2. 图形决定呈现的创意

图形是文字云组成的升华部分，主题或形象概念通过具体的图形进行形象化展示。创意文字云的图形可以分为文字图形、形象照片、地图、LOGO 等。

同样以"大学生"为例，选择图形时就可以选择一些"形象照片"，如抱着书的学生、有活力的年轻人等。需要注意的是，为了使最终表现形式清晰，建议选择单人 PNG 格式的照片作为人物形象，避免多人照片导致最终呈现的文字云轮廓不清晰，无法表达预期的内容。

三、掌握创意文字云的制作方法

以 WordArt 网站为例，WordArt 是一款免费的文字云生成网站，支持在线制作，支持中文字体，样式也有很多，进入网站即可自行制作。

步骤 01：打开网站。

在浏览器中输入网址（wordart.com），打开网站，如图 2-32 所示。

图 2-32　WordArt 网站

步骤 02：在网上下载一款中文字体到计算机，导入到该网站。打开 FONTS → Add font，将下载好的中文字体导入，如图 2-33 所示。

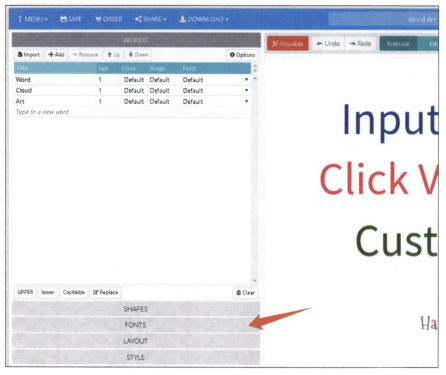

图 2-33　导入字体

步骤 03：设置关键词。

单击 Add 输入自己要制作文字云的关键字，并通过 Size 设置该字词在文字云呈现的大小，Color 设置颜色以及 Angle 调整角度，Font 选择字体（中文字体），如图 2-34 所示。

图 2-34　设置关键词

步骤 04：上传文字云图形。

打开 SHAPES 选项卡，单击 Add image，上传我们准备好的文字云图形，如图 2-35 所示。

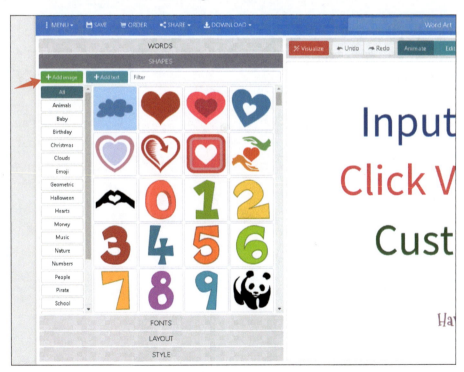

图 2-35　上传文字云图形

步骤 05：设置文字云图形的形状属性。

单击 Open image from your computer，找到我们要上传的图片，确认上传。调整 Threshold 和 Edges 的数值，勾选 Negative，图形呈现蓝色即可，如图 2-36 所示。

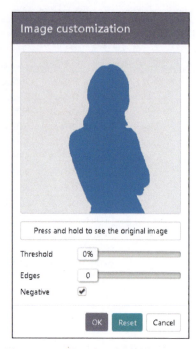

图 2-36　设置文字云图形的形状属性

步骤 06：选择排版方式。

打开 LAYOUT 选项卡，选择文字云要呈现的排版方式。单击 Define，可以自定义文字的数量和密度，如图 2-37 所示。

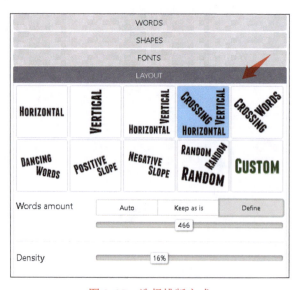

图 2-37　选择排版方式

步骤 07：调整文字云颜色。

单击 STYLE 选项卡，调整文字颜色。Shape 直接套用模板，Custom 自定义渐变颜色。调整 Color emphasis 可以改变云文字不透明度，如图 2-38 所示。

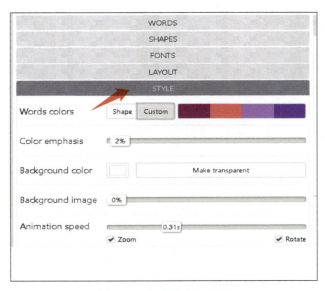

图 2-38　调整文字云颜色

步骤 08：生成文字云。

设置完成后，单击页面右上侧 Visualize，直接生成文字云，如图 2-39 所示。

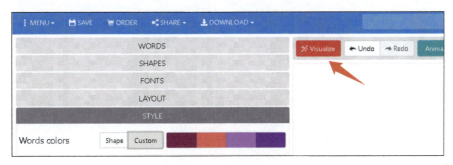

图 2-39　生成文字云

生成效果如图 2-40 所示。

图 2-40　生成效果

步骤 09：调整生成的文字云。

如果你对生成的效果不满意，还可以通过单击 Edit，进入编辑模式，对文字云上的单个文字进行编辑——拖动、放大、缩小、旋转和更改颜色，如图 2-41 所示。

图 2-41　调整生成的文字云

步骤 10：下载。

文字云生成后，单击 DOWNLOAD，即可进行下载和分享，如图 2-42 所示。

其中，HQ 为超清模式，下载需要收费，Standard 为标准模式，可免费下载，若无特殊需求，标准模式即可满足使用要求。

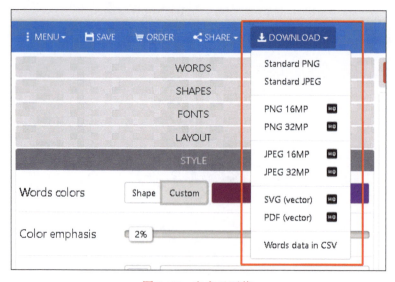

图 2-42　文字云下载

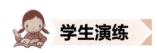

1. 文字基础排版训练

根据给出的图文素材以及给出的参考参数进行排版，形成一篇阅读体验良好的文章。

2. 文字创意排版训练

根据给出的图文素材，使用一款第三方编辑器进行创意排版，并用编辑器生成一张长图，以便提交。

3. 创意云文字制作训练

根据上述内容和案例，为"职场青年"制作一个文字云，关键词可从以下信息中挑选，文字云的关键词大小、颜色以及角度不限，字体可以使用素材中提供的字体，也可以从网上自行下载。

具体信息见表2-1。

表2-1 关键词信息

关键词	加班、休息、午饭、升职加薪、熬夜、PPT、海报、数据、KPI、客户、淘宝、健身、聚餐、约会

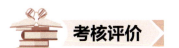

学会文字处理技能考核评价表，见表2-2。

表2-2 学会文字处理技能考核评价表

序号	评价内容	得分/分			综合得分/分
		自评	组评	师评	
1	文字基础排版				
2	文字创意排版				
3	云文字制作				
	合计				

任务 2 　掌握图片处理技能

 任务分析

在读图时代，作为视觉化呈现的重要一环，图片的重要性不言而喻。无论是微信公众号、微博头条还是今日头条，都需要为文章配图。与传统媒体不同的是，新媒体配图更加多样化，既有常规的图片插入，又有衬托文字场景的 GIF 图，还有承载更多内容的信息长图等。

 情境引入

网络编辑工作者在平时工作中，经常需要为文章配图，比如封面图、文章插图。图文并茂的文章往往都比较能吸引读者，且给到读者较好的阅读体验。我们通过本任务介绍图片处理工具、让学生了解图片处理技巧和掌握常用图片处理的一些方法，从这三个方面来讲解图片处理的技能。

 教师点拨

分任务 1　熟悉图片处理的 3 种常用工具

工具 1：截图工具——快速对图片进行编辑

1. 聊天软件工具

目前常用的聊天软件工具有 QQ/TIM、微信 / 企业微信、钉钉等，如图 2-43 所示。

图 2-43　常用聊天软件

大部分聊天软件的截图方法和快捷键设置方式都是类似的。下面我们以 TIM 为例来介绍。

（1）使用聊天软件的截图工具截图。

TIM，QQ 办公简洁版，是一款专注于团队办公协作的跨平台沟通工具。使用 TIM 截图工具的截图方法是：选择聊天窗口中的小剪刀图标，然后拖动鼠标出现小框，选择要截取的屏幕部分，之后双击鼠标或者单击选框右下角的"√完成"按钮，截图成功，如图 2-44 所示。

图 2-44 使用 TIM 截图工具截图

截图时，还可以运用截图框下的编辑工具比如箭头工具、马赛克工具、矩形工具等对所截的内容进行框选、画刷、打马赛克、添加文字、保存、分享、收藏等操作，如图 2-45 所示。

图 2-45 截图编辑工具

（2）使用聊天软件快捷组合键截图。

还有一种方法就是运行 QQ/TIM 软件，然后按 <Ctrl+Alt+A> 快捷组合键来进行截图。

当然，快捷组合键的组合可以更改为自己习惯的按键组合，下面来看看设置截图快捷组合键的步骤。

步骤 01：单击 QQ/TIM 上的设置按钮，如图 2-46 所示。

步骤 02：进入系统设置页面，单击"热键"→"设置热键"，如图 2-47 所示。

步骤03：单击选择要更改的热键，单击"捕捉屏幕"，然后会出现空白编辑框，按住键盘进行设置就可以了。比如，平时习惯的按键组合是 <Shift+Alt+A>，那就把鼠标光标放在空白框上，然后按住这三个键就设置成功了，如图 2-48 所示。快捷键设置好之后，就可以直接通过快捷键以及运用鼠标选定区域进行截图了。

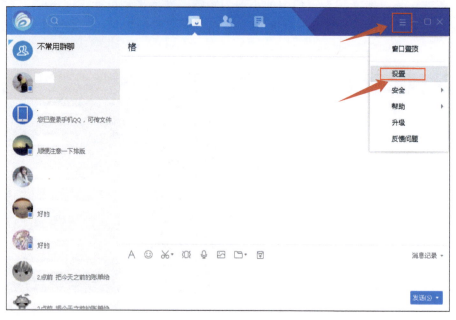

图 2-46　设置

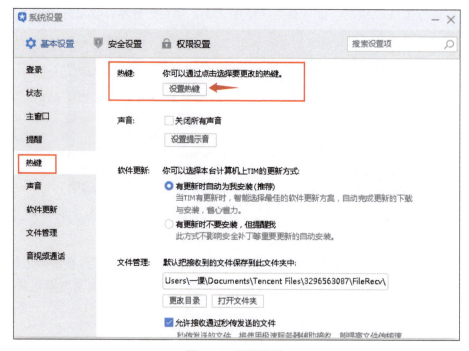

图 2-47　设置热键

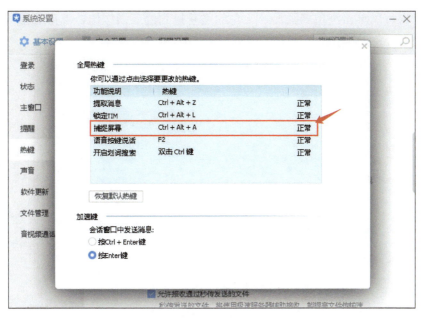

图 2-48　修改快捷键

2．浏览器软件自带截图工具

当前市场上浏览器软件很多，截图的方法和快捷键的设置方式也是大同小异，下面我们以 UC 浏览器为例来讲解。

（1）使用浏览器截图工具截图。

方法 1：打开 UC 浏览器，单击页面右上角的竖着排列的三点按钮，在下拉框中会出现小剪刀样式的屏幕截图图标，单击截图图标，选择要截取内容的范围，双击鼠标或者单击选框右下角的"√完成"按钮，截图成功，如图 2-49 所示。

图 2-49　使用 UC 浏览器软件截图工具截图

方法 2：也可以单击浏览器页面右上角的竖着排列的三横按钮，然后选择"屏幕截图"进行截图，如图 2-50 所示。

图 2-50　单击浏览器"三横按钮"截图

同样，截图时可以运用截图框下的编辑工具比如指针工具、模糊工具、矩形工具等对所截的内容进行框选、画刷、打马赛克、添加文字、保存、分享、收藏等操作，如图 2-51 所示。

图 2-51　截图编辑工具

（2）使用浏览器快捷组合键截图与设置。

打开 UC 浏览器，然后切换到需要截图的界面，按 <Ctrl+Alt+A> 或 <Alt+X> 快捷组合键进行截图。

注意：一定要把浏览器打开才可以使用它的截图快捷组合键功能，且每个浏览器默认的截图快捷组合键键盘不一样。

下面我们再来看看设置浏览器截图快捷组合键的步骤。

步骤 01：单击浏览器页面右上角的竖着排列的三横按钮，然后选择"设置"，如图 2-52 所示。

图 2-52　选择"设置"选项

步骤 02：进入浏览器系统设置页面，单击页面左侧导航栏上的"快捷键"，如图 2-53 所示。

图 2-53　单击"快捷键"选项

步骤 03：页面往下拉，找到"屏幕截图"，单击已有的快捷组合键选项，按住键盘进行设置，然后松开按键，页面会显示设置已生效。

你可以将已有的快捷组合键修改成自己习惯的组合键，也可以新添加快捷键，如图 2-54 所示。

图 2-54　屏幕截图快捷组合键的设置

工具 2：美图秀秀——简单易上手的小工具

美图秀秀是一款修图工具软件，尤其在年轻人群体中非常受欢迎。它最大的特点就是简单、易上手，操作方式非常灵活、方便，而且还为用户提供很多素材，以及比如图片特效、美容、拼图、场景、边框、饰品等功能，是一款易学易用的美图软件，比 Photoshop（简称 Ps）操作简单很多，如图 2-55 所示为美图秀秀网页版首页。

图 2-55　美图秀秀网页版

美图秀秀的常用工具主要包括裁剪、旋转、去水印、图片拼接、压缩图片大小、新建画布做海报等工具。用户可以利用这些工具对自己所拍摄的图片进行加工处理，以达到自己想要的效果，如图 2-56 所示为美图秀秀操作界面。

图 2-56　美图秀秀操作界面

工具 3：Photoshop——专业的图片编辑工具

Photoshop 是一款专业的图片编辑软件，主要针对那些由像素所构成的数字图像的处理。它具有非常强大的图片处理功能，涉及图像、图形、文字、视频、出版等各方面。

虽然现在除了 Photoshop 之外还有很多其他修图软件，但是当用户对所需要的图片的清晰度要求较高或者有 GIF 图制作要求时，就需要使用 Photoshop 了。

如图 2-57 所示为 Photoshop 打开后的操作界面。

图 2-57　Ps 操作界面

（1）A 区域称为菜单栏，在菜单里可找到工具中所有功能对应的选项，如图 2-58 所示。

图 2-58　菜单栏

（2）B 区域称为选项栏，每个工具都有自己属性方面的选项，可以进行图片属性参数的调整，如图 2-59 所示。

图 2-59　选项栏

（3）C 区域为图形窗口栏，可以单击切换显示或关闭图片，如图 2-60 所示。

图 2-60　图形窗口栏

（4）D 区域称为工具箱，这里有在图片编辑中常用到的工具，当鼠标移动到某个工具上悬停 2 秒左右会有这个工具的快捷键提示，按下代表字母就可以选择这个工具，如图 2-61 所示。

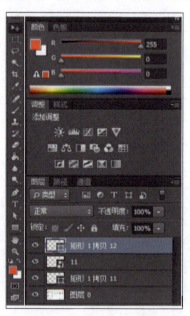

图 2-61　工具箱图、编辑区

（5）E 区域称为编辑区，图片编辑显示的区域，如图 2-57 所示。

分任务 2　熟悉图片处理的 3 个技巧

技巧 1：学会快速寻找素材

在处理图片之前肯定是要先找好图片素材，有时候合适的素材能够达到事半功倍的效果。那么如何才能快速地找到好的素材呢？下面介绍几种图片素材的快速寻找方法。

1．搜索高清无版权图片

通过互联网进行图片搜索时，你必须要知道如何找到无版权、可商用的高清图片。

常规的搜图，可以通过搜索引擎进行搜索。常见的搜索引擎有中国搜索、百度、搜狗、360搜索、必应、雅虎等，如图2-62和图2-63所示。

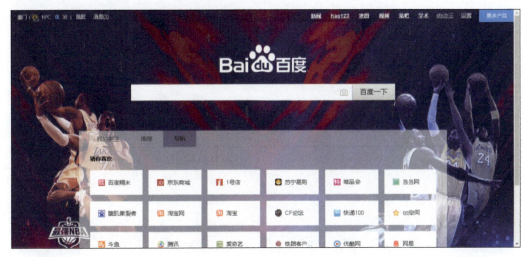

图2-62　百度搜索页面

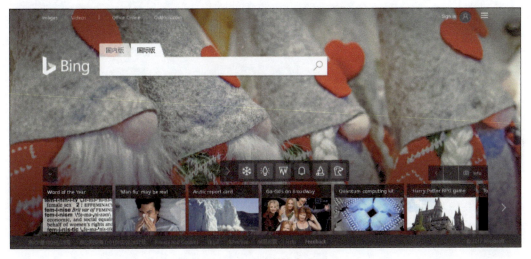

图2-63　必应搜索页面

同样的关键词在不同的搜索平台搜索到的内容不尽相同，通过不同的语言搜索得到的结果也不相同。在具体搜图时可以通过不同的搜索引擎和不同的语言进行搜索，以求找到合适的图片。

例如，我们分别在百度图片平台和搜狗图片平台上输入中文"狗"和英文"dog"，搜索结果分别如图2-64～图2-67所示。

图 2-64　百度图片平台搜索"狗"的结果显示

图 2-65　搜狗图片平台搜索"狗"的结果显示

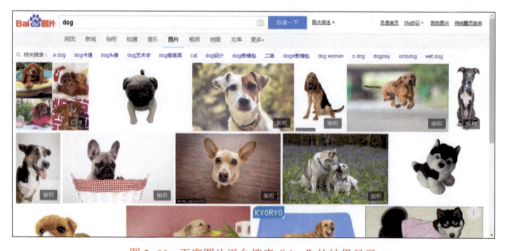

图 2-66　百度图片平台搜索"dog"的结果显示

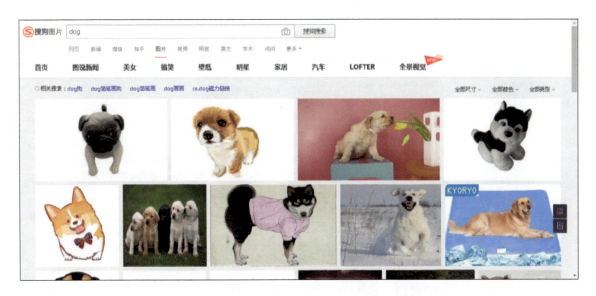

图 2-67　搜狗图片平台搜索"dog"的结果显示

在搜索图片内容精准度以及可用图片丰富度方面，本书推荐使用必应图片搜索，如图 2-68 所示。

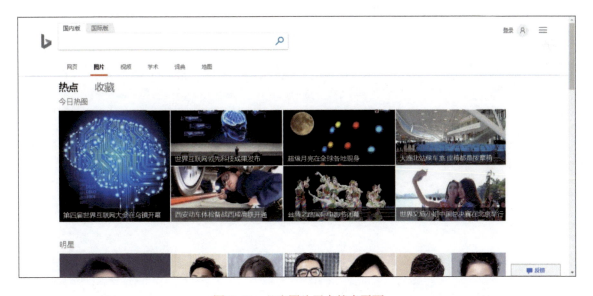

图 2-68　必应图片平台搜索页面

当搜索引擎不能搜索到满意图片或需要使用无版权图片进行商用时，可以尝试在专业图片网站进行搜索。以下几个高清图片类网站，图片无版权限制，可以用作商业用途，见表 2-3。

注意：免费下载、免费可商用的素材均禁止出租、转售、分割、注册商标等违反站方版权协议以及违反当地法律法规的行为。

表 2-3 高清图片类网站

高清无版权图片网站名称	网址	简介
Gratisography	https://gratisography.com/	英文界面，仅支持英文关键词搜索。图片类型包括动物、自然、物体、人物、城市、搞笑
摄图网	http://699pic.com/	中文界面，支持中文搜索，专注免费摄影图，分类丰富且可免费商用下载
FREEIMAGES	https://cn.freeimages.com/	中文界面，图文类型包括野生动植物、建筑、军队与武器、艺术与设计、汽车、商业与金融、名人、教育、时尚与美容等
Pixabay	https://pixabay.com/	英文界面，图片类型包括交通运输、技术、人物、动物、健康医疗、商业金融、地标、宗教、建筑产业、教育、旅游度假、科学技术等

2．精准搜索图片

在日常生活、工作中看到一张图片，想要找到这种风格的其他图片怎么办？虽然通过图片类网站可以获取大量的图片，但并不能精准地搜索到与这张图片风格类似的图片。采用以图识图方式对图片进行搜索，可以更精准地搜索到所需图片。

与输入关键词对结果进行搜索方式不同，以图识图方式是对结果进行来源搜索。一般浏览器上的图片搜索都会有以图识图的功能。下面我们以百度为例。例如，打开百度图片首页，单击搜索框上面的相机图标按钮（上传图片／搜索相关信息），如图 2-69 所示。

图 2-69　相机按钮

然后在弹出的对话框中会提示你可以采用"本地上传""粘贴图片地址""拖拽图片到此处试试"三种方式来识图，从而达到精准搜索的效果，如图 2-70 所示。

百度除了在百度图片的页面有这个识图的功能外，它还创建了一个"百度识图、鉴你所见"的专门入口。操作方法和搜索结果与百度图片是一样的，如图 2-71 所示。

项目 2　掌握网店内容编辑工具的使用

图 2-70　上传图片 / 搜索相关信息对话框页面

图 2-71　百度识图，鉴你所见页面

3．搜集精美的 icon 图标（矢量图标）

icon 是一种矢量图标格式，用于系统图标、软件图标等，这种图标扩展名为 *.icon。

计算机中显示的图形一般可以分为两大类——矢量图和位图。矢量图是用一系列计算指令来表示的图，因此矢量图是用数学方法描述的图，本质上是很多个数学表达式的编程语言表达。

矢量图形最大的优点是无论放大、缩小或旋转等都不会失真，最大的缺点是难以表现色彩层次丰富的逼真图像效果，如图 2-72 所示。

图 2-72　矢量图放大不失真

51

下面我们介绍几个可以搜集精美 icon 图标的网站，见表 2-4。

表 2-4　icon 图标网站

ICON 图标网站名称	网址	简介
easyicon	https://www.easyicon.net/	中文界面，支持中文、英文搜索，包含单色和多彩风格，每组图标中均标注了图标使用说明
千库网	http://588ku.com/	中文界面，提供大量免抠图 PNG 元素，平台元素多来自网友分享。每张元素均标注了图片质量和用途范围
FLATICON	https://www.flaticon.com/authors/freepik	英文界面，是一个图标搜索引擎，支持英文关键词搜索，默认搜索结果包含付费图标和免费图标
ICONFINDER	https://www.iconfinder.com/	英文界面，是一个图标搜索引擎，支持英文关键词搜索，默认搜索结果包含付费图标和免费图标，在搜索结果左方"Price"处勾选"Free"即可筛选免费图标
iconfont	https://www.iconfont.cn/	中文界面，阿里妈妈 MUX 打造的矢量图标管理、交流平台，提供矢量图标下载、在线储存、格式转换等功能，是设计师和前端开发的便捷工具，支持中文搜索
iconmonstr	https://iconmonstr.com	英文界面，以黑白图标为主，免费可商用。支持英文搜索

4. 搜集精美的 GIF 图

GIF 原意为图像互换格式，分为静态 GIF 和动态 GIF 两种，扩展名为".gif"，这是一种压缩位图格式。

GIF 是将多幅图像保存为一个图像文件，从而形成动画，最常见的就是通过一帧帧的动画串联起来的 GIF 图可以表达丰富的含义，有时远胜单纯的文字描述效果。

注意：GIF 仍然是图片文件格式，只能显示 256 色，和 JPG 格式一样，是一种在网络上非常流行的图形文件格式。

在图文编辑中，根据文字内容配上恰当的动态 GIF 图，能为文章增添不少趣味，但如何找到这些制作精美的 GIF 图呢？

下面介绍几个汇聚了各种类型 GIF 图的网站，见表 2-5。

表 2-5　GIF 图网站

网站名称	网址	简介
GIPHY	https://giphy.com/	英文界面，GIF 垂直搜索引擎，支持英文搜索，分类丰富，支持按照艺术家查看
花瓣网	http://huaban.com/	中文界面，搜索关键词"GIF"或"动态"查看
GIFBIN	https://www.gifbin.com/	英文界面，不支持分类查询，可调节动图的播放速度、大小、声音等
SOOGIF	https://soogif.com/	中文界面，支持中文搜索，分类包含表情、爆笑 GIF、热点 TOP、明程爱豆、影视安利、综艺秀场、二次元等。网站还提供"动图压缩"功能

技巧2：掌握图片快速合成的3种方法

有时候找好了图片素材之后就需要对图片进行合成拼接等处理，那么都有哪些快速的合成方法呢？

1. 用PPT进行图片拼接合成

用PPT进行图片拼接的步骤主要分为两步：小图设计、图片拼接。即，将找好的素材在PPT上进行制作设计。

如果你要合成的是一张单图，那么在一张PPT上进行拼接合成就可以了。

例如，如图2-74所示的图片便是将一幅草莓的图片与另一幅草莓酱的图片放在一张PPT上拼接合成的。通过对图2-73所示两张图片进行高度、宽度、对齐、组合等的处理之后再保存出来。

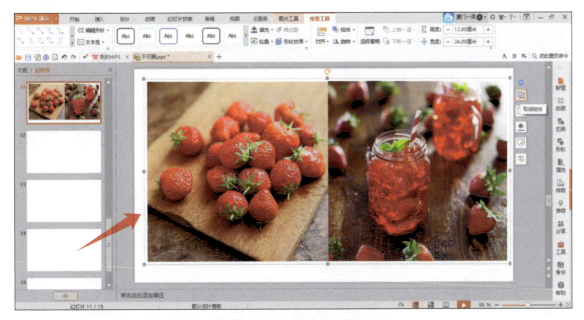

图2-73　PPT合成单图

图2-74　合成好的单图

如果你要合成的是一张长图，可将素材分别呈现在几张幻灯片上，然后将一张张幻灯片导出保存成图片后，用美图秀秀按照一定的顺序拼接成图。

但是，在设计单张幻灯片的时候一定要注意：图片整体风格是纵向的，在设计每一张小图时要避免在拼接的过程中由于上下页的风格不一致而导致拼接不完整，如图 2-75 所示。

图 2-75　美图秀秀合成长图

2. 用 Photoshop（Ps）进行图片合成

Ps 具有强大的图片处理功能，如果你会 Ps，那么用 Ps 来合成图片就更好了。使用 Ps 处理图片，不仅可以进行图片拼接，还可以从一张图片中取出局部加入到另一张图片中，合成一张新的图片。

例如，如图 2-76 所示为用 Ps 合成的图片。

图 2-76　Ps 图片合成

3. 用其他图片合成软件进行合成

如今网络上有很多的在线图片合成网站或软件，如秀米、创客贴等，如图 2-77 和图 2-78 所示。

图 2-77　秀米网站

图 2-78　创客贴网站

技巧 3：掌握图片风格的统一

前面有说到，图片整体要统一风格，那么风格统一主要体现在哪呢？

1. 颜色统一

颜色的选择范围一般在色标上前后上下不超过 5 个格子，也就是说即便是蓝色的色调，从大范围分都可分出：深蓝、天蓝、浅蓝三色，如图 2-79 所示。

可是，如果找的素材颜色不统一，怎么办呢？下面我们介绍两种方法（以 PPT 为例）。

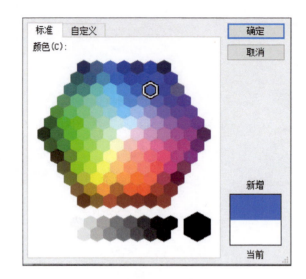

图 2-79　颜色色标

（1）为图片添加蒙版。

图片蒙版是指在图片上添加一层矩形，通过调整矩形的填充颜色及透明度（根据实际情况调整）来实现对图片的二次处理。

蒙版可以分为纯色蒙版和渐变蒙版，即图片上覆盖的矩形，其填充颜色为单色或渐变色，如图 2-80 所示。

图 2-80　图片蒙版

（2）更改图片属性。

更改图片属性是指对图片的亮度、对比度、颜色饱和度、色调（色温）、艺术效果等属性进行调整，如图 2-81 所示。

图 2-81 更改图片属性

2. 图片与纹案统一

图片与纹案统一是指它的形状可不同，但所表达的意思要相同。

例如：一组系列广告，其中一款图片用的是浅色调矢量花纹的图案设计，那么本系列其他的也需要是矢量的图案，而且是相类似的纹案。不同的是浅色色调、图案花纹及摆放位置可更换，线条的扭曲形状及矢量的样式可不一样，如图 2-82 所示。

3. 文字统一

文字的大小与字体，在同一系列的设计文案中，标题要统一，相关内容的字体、字号大小、间距都应保持一致。不论画面如何变化也不可随意改变组合字体的排版形式，如图 2-83 所示。

图 2-82 统一为矢量图案的图片

图 2-83 文字统一的图片

分任务 3　掌握常用图片制作的 5 种操作方法

前面我们讲解了图片合成的几种方法。同样，一些常见图片的制作也是可以用到这些方法的。

下面我们都以 PPT 为例来讲解常见图片制作的操作方法。

方法 1：制作封面图

效果图如图 2-84 所示。

图 2-84　封面效果图

下面我们来介绍使用 PPT 制作封面图的操作步骤。

步骤 01：修改幻灯片的尺寸。

依次单击幻灯片顶部"设计"→"幻灯片大小"→"自定义大小"，如图 2-85 所示。

图 2-85　单击"自定义大小"

步骤02：在弹出的对话框中，设置"全屏显示（16:9）"，然后单击"确定"按钮，如图2-86所示。

图2-86　设置"幻灯片大小"

步骤03：插入找好的素材图片。

设置好幻灯片尺寸后，单击幻灯片顶部"插入"→"图片"，如图2-87所示。

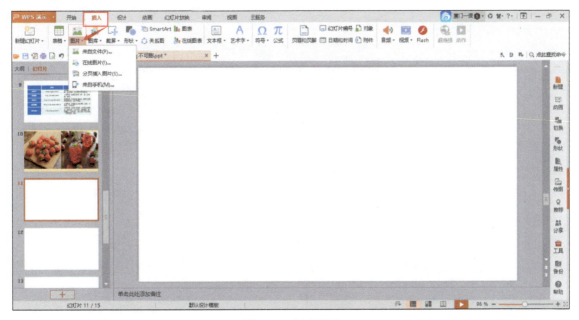

图2-87　插入图片

步骤04：鼠标左键单击图片任意一个角，按住鼠标拖动进行等比拉伸，直到把图片完全覆盖幻灯片，如图2-88所示。

图 2-88 等比拉伸图片

步骤 05：加橙色透明背景。

在幻灯片顶部依次选择"插入"→"形状"→"矩形"，选择一个矩形，按下鼠标左键拖曳覆盖整个幻灯片，如图 2-89 所示。

图 2-89 插入矩形

步骤 06：鼠标左键双击矩形，在幻灯片右侧弹出的窗口中依次选择"填充"→"纯色填充"→"颜色：黄色"→"透明度：96%"→"线条：无线条"，如图 2-90 所示。

图 2-90 填充矩形背景

步骤 07：加方框。

在幻灯片顶部依次选择"插入"→"形状"→"矩形"，选择一个矩形形状，按下键盘 <Shift> 键，同时按下鼠标左键拖曳出一个长方形，并将其居中于幻灯片，如图 2-91 所示。

图 2-91 插入长方形

步骤08：鼠标左键双击长方形，在幻灯片右侧弹出的窗口中依次选择"填充"→"颜色：浅蓝色"→"透明度：45%"→"线条：无线条"，其他数值默认，得到一个蓝色方框，如图2-92所示。

图2-92　蓝色长方形方框

步骤09：添加文字。在幻灯片顶部依次选择"插入"→"文本框"，选择"横向文本框"，如图2-93所示。

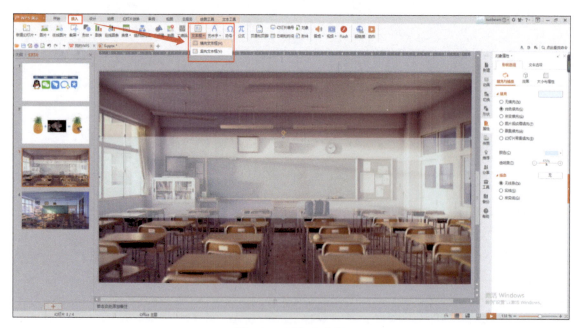

图2-93　插入文本框

步骤10：在文本框中先输入文字，然后选中文字，设置文字颜色和字体、字号并将其居中于蓝色框中。然后给文本添加一个"向下偏移"的阴影，如图2-94所示。封面设置完成。

图2-94　编辑文字

步骤11：封面图设置完成后，导出图片即可上传至相应平台使用。

导出图片方法依次为单击幻灯片左上方"文件"→"导出"→"更改文件类型"→向下滑动当前页面选择"PNG可移植网络图形格式"或"JPEG文件交换格式"→"另存为"，将当前幻灯片保存为所选格式的图片，如图2-95所示。

以上通过PPT进行封面图的设计，优点在于大大降低了图片设计的难度。

当然你也可以使用一些其他软件进行制作，比如前面讲到过的"创客贴"，它提供丰富、可自定义且免费的可商用图片、图标、字体、线条、形状、颜色等素材，无须自己动手设计各种图标元素，更大大降低了图片设计的难度。

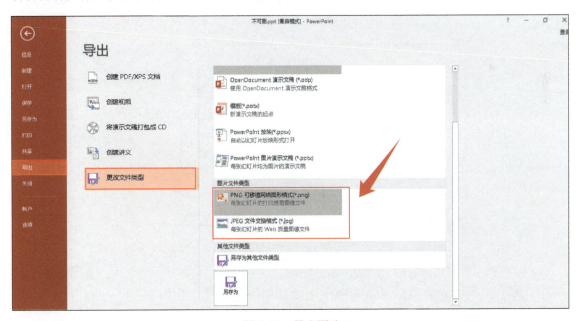

图2-95　导出图片

方法 2：制作 icon 图标

专业级 icon 的设计要求非常高，一般的新媒体 icon 使用 PPT 制作即可，无须下载其他软件。另外，通过 PPT 设计 icon，操作更便捷，兼容性更好。

使用 PPT 制作 icon 图标必会工具是：编辑形状，如图 2-96 所示。通过联合、剪除、相交、组合、拆分等操作，对形状进行重组。

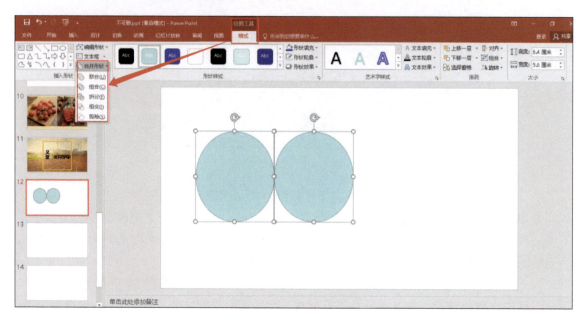

图 2-96　合并形状

熟练使用以上功能制作 icon 图标，必须会拆分各种图形并将其组合成图标，如图 2-97 所示。

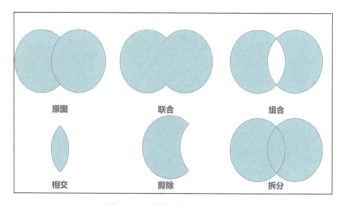

图 2-97　图形的各种拆分

下面我们用 PPT 来制作一个微信 icon 图标。

步骤 01：先去矢量图标网站下载一个微信的矢量图标，如图 2-98 所示。

图 2-98　矢量图标

步骤02：打开PPT，单击"插入"→"矩形"，选择"圆角矩形"，按住Shift键，拖动鼠标，拉出一个圆角正方形，如图2-99所示。

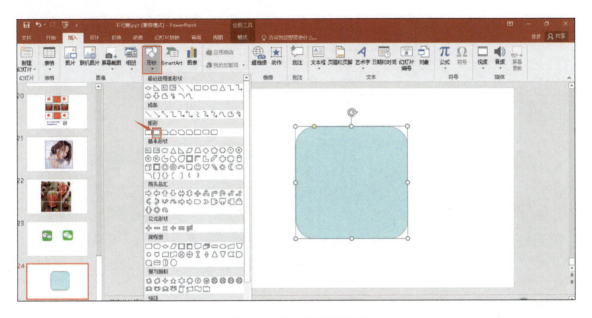

图2-99　拉出圆角正方形

步骤03：把下载好的微信图标插入幻灯片中，然后选中插入的圆角正方形，右键单击鼠标，在弹出的选项框中单击"填充"→"取色器"，然后鼠标光标会显示为滴管的形状，移动鼠标，把滴管放到微信图标的绿色部分，单击一下左键，圆角正方形也就填充为与图标一样的颜色了，如图2-100和图2-101所示。

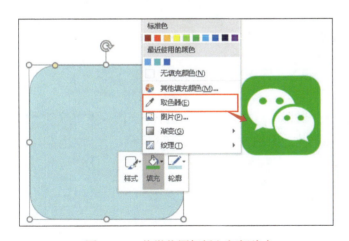

图2-100　将微信图标插入幻灯片中

图2-101　填充同样颜色

步骤04：单击"插入"→"形状"→"标注"，选择"椭圆形标注"，如图2-102所示。

步骤05：拖动鼠标画出一个椭圆形标注图形，使用鼠标调节该图形的大小和位置，填充颜色为白色，单击该图形顶部的旋转标示，如图 2-103 所示，将该图形旋转一定的角度，达到和右图一样的效果。

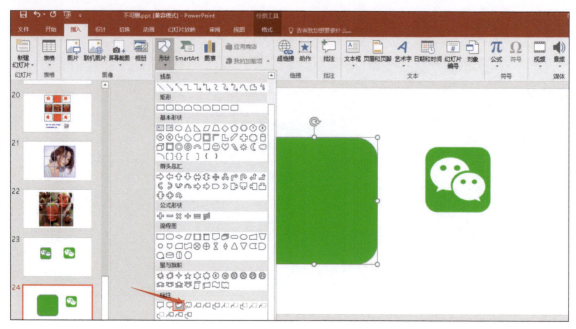

图 2-102　插入椭圆形标注形状

图 2-103　拖动鼠标画出一个椭圆形标注图形

步骤 06：单击"插入"→"形状"→"椭圆"，拉动鼠标画出一个椭圆，填充颜色为白色，然后参照微信 icon 图标，调整该椭圆的大小和位置，如图 2-104 所示。

图 2-104　插入椭圆

步骤 07：单击"插入"→"流程图"，选择"流程图：排序"，拖动鼠标画出该图形，填充颜色为白色。按住图标上的旋转按钮将该图形调整到与右图微信图标一样的位置，如图 2-105 所示。

图 2-105　插入流程图

步骤 08：右键单击图形，选择"置于底层"→"下移一层"，并拉动鼠标细微调整该图形的大小和位置，如图 2-106 所示。

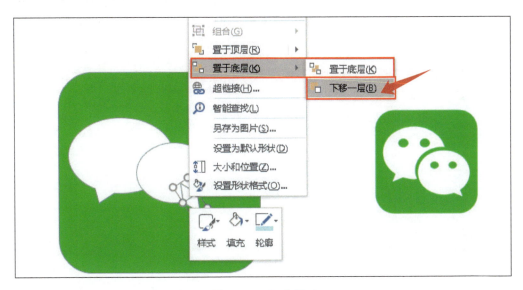

图 2-106　调整图形

步骤 09：拉动鼠标，框选出小椭圆形和排序流程图，如图所示，单击"绘图工具"→"格式"→"合并形状：联合"，得出的效果如图 2-107 和图 2-108 所示。

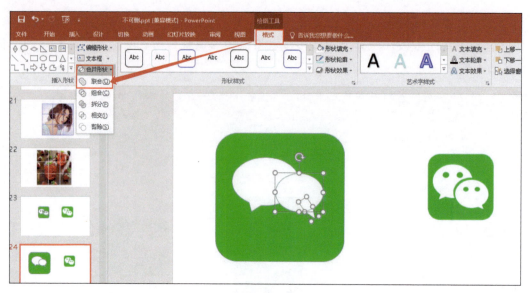

图 2-107　联合 1

图 2-108　联合 2

步骤 10：复制该图形，粘贴出来放在旁边，然后拉动鼠标，选中圆角正方形里面的两个白色图形，单击"绘图工具"→"格式"→"合并形状：剪除"，得出的效果如图 2-109 和图 2-110 所示。

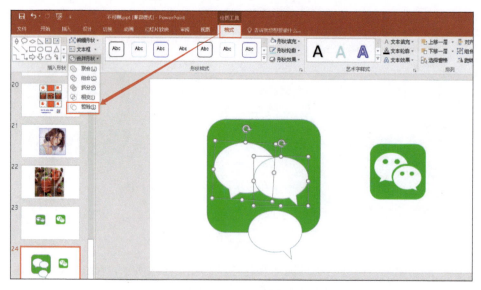

图 2-109　剪除 1

步骤 11：将上一步骤复制出来的图形放在刚剪除得出的图形右下方，参考微信图标，调到到一样的位置，如图 2-111 所示。

图 2-110　剪除 2

图 2-111　合并图片

步骤 12：单击"插入"→"形状"→"基本形状"，选择"椭圆"，拉动鼠标画出一个小椭圆，填充颜色为绿色，与背景色同色，并复制一个出来，然后参考微信图标调整其大小和位置以及对齐等，如图 2-112 所示。

步骤 13：将圆角正方形中左图的两个"眼睛"组合并复制，拖动鼠标拉到右图，参考微信图标，调整其大小和位置，得出的效果如图 2-113 所示。

图 2-112　制作绿色椭圆

图 2-113　插入"眼睛"组合

步骤 14：选中制作好的所有元素，如图 2-114 所示，按住快捷组合键 <Ctrl+G> 组合图形，然后保存，这样微信 icon 图标就做好了。

方法 3：制作九宫图

九宫图又名九宫格图，其形状以九个方格组成，借用九个方格之间关系，可以在海报设计以及社交媒体配图设计方面发挥更多创意。

图 2-114　组合图形

1. 竖版海报九宫图

竖版海报是新媒体平台上常见的配图呈现形式，九宫图海报则是经常被社交媒体平台使用到，如图 2-115 所示。

图 2-115　竖版海报九宫图

下面以 PPT 为设计工具，九宫图海报制作步骤如下。

步骤 01：设计幻灯片大小。

新建空白 PPT 文档，单击"设计"→"幻灯片大小"→"自定义大小"，方向选择为纵向，宽度和高度根据需要进行设定，如图所示。单击"确定"按钮，此时的幻灯片为竖版幻灯片，如图 2-116 所示。

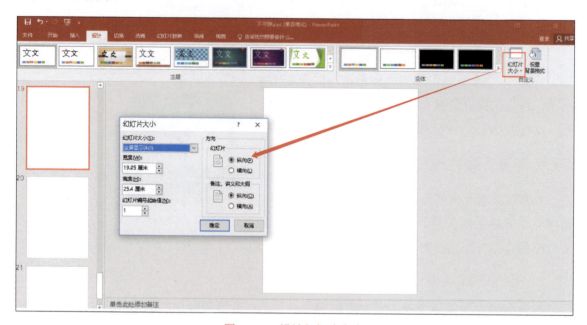

图 2-116　设计幻灯片大小

步骤02：拼出九宫图。

单击"插入"→"形状"→"矩形"，选择"矩形"按住键盘<Shift>键，按下鼠标左键并拖动，得到一个正方形，把这张正方形图片再复制出八张正方形图片，对齐排版成九宫格样式，如图2-117所示。

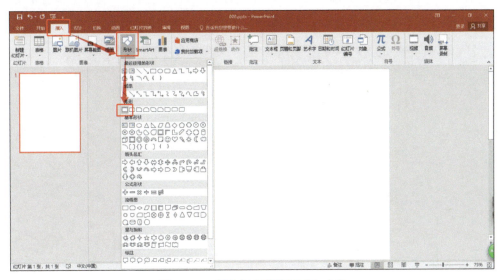

图2-117　插入矩形并排版成九宫格

步骤03：裁剪图片。

单击"插入"→"图片"，插入海报中需要添加的图片后，双击图片，在"格式"选项卡中单击"裁剪图片"，选择"纵横比"→正方形"1:1"，图片被自动裁剪成正方形，可通过鼠标对裁剪范围进行调整，如图2-118所示。

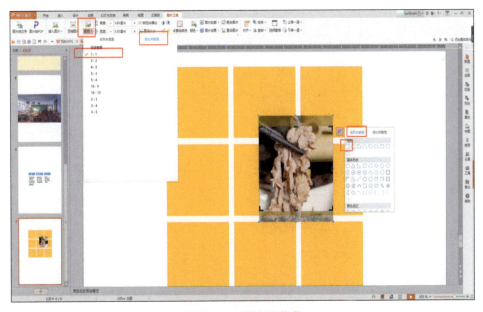

图2-118　正方形裁剪

步骤 04：填充图片。

复制调整好的正方形图片，选中目标九宫图中的任一方块并右键单击"设置图片格式"，在 PPT 右侧调出相应菜单，"填充"→"图片或纹理填充"，复制的正方形图片将自动填充在方块中（若无自动填充，可单击剪贴板）。使用同样的方法，填充其他方块，如图 2-119 和图 2-120 所示。

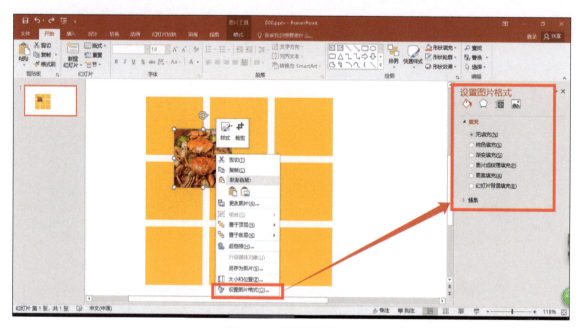

图 2-119　设置图片格式

图 2-120　图片填充

步骤 05：补充背景。

根据需要调整九宫图方块颜色并添加必要的素材信息，即可生成一张九宫图海报，如图 2-121 所示。

图 2-121　补充背景，生成海报

步骤 06：导出九宫图海报。

单击左上角"文件"→"导出"→"更改文件类型"→"PNG 可移植网络图形格式"或"IPEG 文件交换格式"→"另存为"，导出当前幻灯片，如图 2-122 所示。

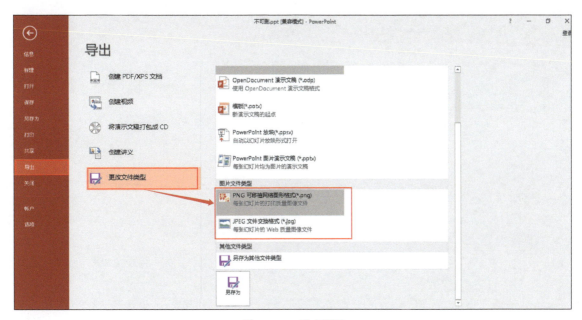

图 2-122　导出图片

2. 九宫图——PPT 切图

除了可以把不同的图片拼成九宫图之外，我们还可以将一张图片切割成九宫图，如图 2-123 所示。

图 2-123　九宫图——PPT 切图

如何实现呢？具体的操作步骤如下。

步骤 01：拼出九宫格。

在 PPT 中选择"插入"选项卡→"表格"，用鼠标拖动出 3 行 *3 列规格的表格，并在"设计"选项卡里，在"表格样式选项"中把"标题行"与"镶边行"的勾选取消，如图 2-124 和图 2-125 所示。

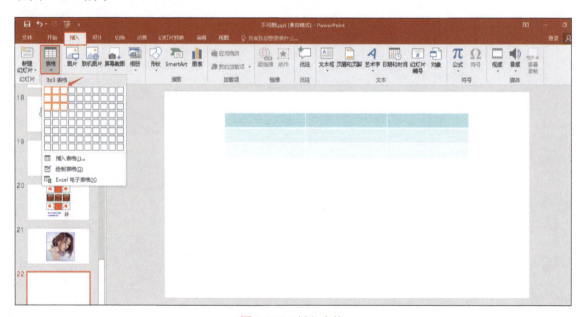

图 2-124　插入表格

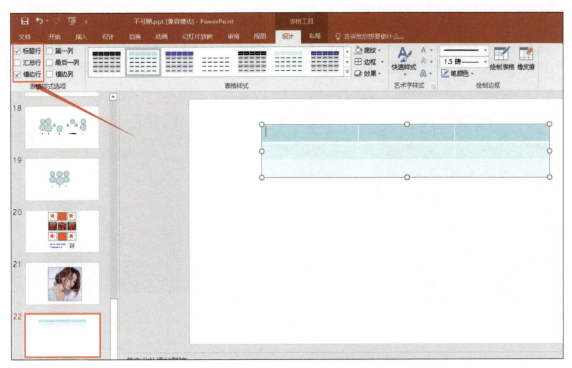

图 2-125 "标题行"与"镶边行"的勾选取消

步骤 02：单击表格边框，选择"表格工具"选项卡→"布局"，在"表格尺寸"处输入高度和宽度相同的数值，勾选"锁定纵横比"，得到一个正方形九宫格表格，按住键盘<Shift>键并用鼠标拖动表格任意一角可调整表格大小，如图 2-126 所示。

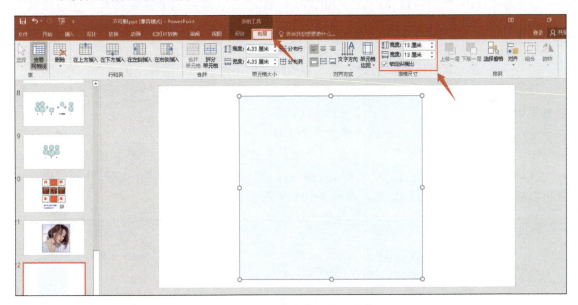

图 2-126 调整表格形状及大小

步骤 03：填充图片。

单击"插入"→"图片"，插入一张图片。双击图片，单击"格式"选项卡→"裁剪"

把图片裁剪成和表格九宫格相同大小的尺寸→裁剪完成后复制图片→右键单击表格→选择"设置图片格式"。在 PPT 右侧弹出的窗口中选择"填充：图片或纹理填充"，勾选"将图片平铺为纹理"，单击"剪贴板"按钮完成填充，如图 2-127 所示。这样九宫图就切割好了。

图 2-127　图片填充及切割完成

方法 4：制作 GIF 图

当需要向读者展示一些简单的操作过程而又不必用到视频时，或需要从电影或视频中截取 GIF 图为文章配图时，满足这样需求的 GIF 图该如何制作？

录制制作 GIF 图，可以使用软件 LlCEcap、GifCam、极速 GIF 录制工具，在百度搜索"LICEcap"、"GifCam"或"极速 GIF 录制工具"，可获取软件的下载链接，下载之后解压即可使用。

步骤 01：首先打开需要录制的文件，如视频、电影或自己需要操作的界面。

步骤 02：双击打开软件，单击"选择区域"，拉伸弹出的十字框，选择需要录制的区域，然后单击"开始录制 GIF"，如图 2-128 所示。

步骤 03：录制完成后，单击"停止录制 GIF"→"另存 GIF 图片"，然后在弹出的对话框中选择要保存图片的路径，最后单击"保存"就可以了，如图 2-129 和图 2-130 所示。

步骤 04：如果想要查看已录制好的 GIF 图，则单击"打开目录"，在打开的文件夹中就可以看到所有录制好的 GIF 图，如图 2-131 和图 2-132 所示。

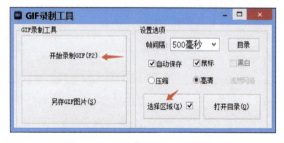
图 2-128　选择区域—开始录制

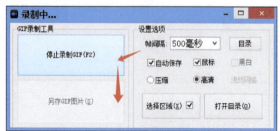
图 2-129　停止录制—另存为

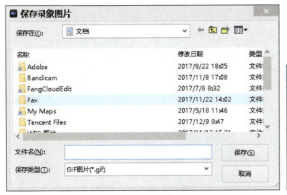
图 2-130　选择保存路径

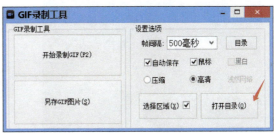
图 2-131　打开目录

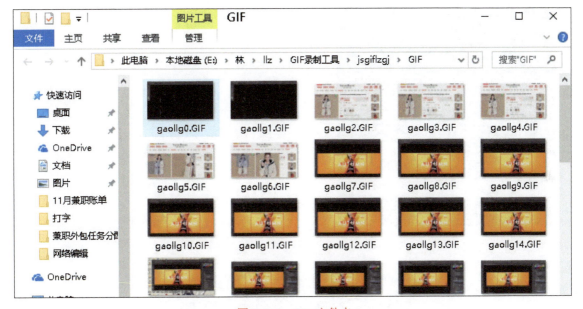
图 2-132　GIF 文件夹

方法 5：制作信息长图

信息图由来已久，新闻编辑经常使用信息图来对一则新闻事件进行解读。随着移动端用户量的增加，普通信息图已经不能满足手机阅读方式，信息图渐渐演变成了信息长图，如图 2-133 所示。

长图的设计分为直接设计长图和设计小图并拼接两种，分别可使用的工具是 Ps 和 PowerPoint，如图 2-134 所示。

在设计小图时，图片背景应避免使用渐变色，避免使用复杂的线条等元素，这样可以大大减轻长图拼接时的工作量。多使用纵向的线条、纯净的背景色等便于拼接的元素，重点突出整张长图的核心信息，避免复杂的背景对要表达的信息喧宾夺主。

长图按照上下结构分为封面、内容、封底三个部分，如图 2-135 所示。

封面统领全图。封面包含主标题、副标题（对主标题起到补充说明作用）、图片说明等元素，从视觉元素及标题文案技巧入手，着重突出长图内容要义，如图2-136所示。

图2-133　信息长图

图2-134　Ps&PowerPoint

图2-135　长图结构

图2-136　长图封面

内容是长图的核心。把内容信息主要放在长图中间的部分并非仅仅做文字排版，可以通过视觉化的图表来代表枯燥的数据，使用形象化的图片元素代替冗杂的文字描述。在内容纵向引导上，使用线条、序号、色块等视觉逻辑标识引导读者的视线逐渐向下阅读，如图 2-137 所示。

图 2-137　长图内容

封底部分对内容进行总结。可在封底提炼内容核心观点或注明内容出处、制作单位与制作人、制图时间等，根据实际需求进行设置，如图 2-138 所示。

图 2-138　长图封底

长图按照由里到外的图层顺序分为背景、逻辑元素、文字三层，如图 2-139 所示。

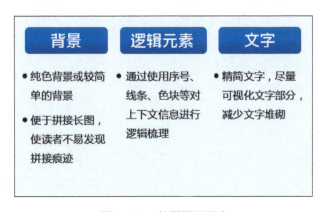

图 2-139　长图图层顺序

关于信息长图的制作方法，便是将一张张制作好的幻灯片导出为图片，然后用美图秀秀等工具进行拼图，这个在前面学习小节已进行说明。

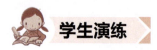

1. 封面图制作训练

教师根据教学实际情况，指定几个文章的主题（如开学季、旅游、美食、娱乐、体育等），让学生选择其中一个主题，按照操作演示为其制作封面图。

2. icon 图标制作训练

教师根据教学实际情况，指定几种矢量图标（可去 icon 图标库去寻找选择），让学生选择其中一个，按照操作演示进行制作，也可以让学生自主去寻找感兴趣的图标进行制作。

3. 九宫图制作训练

教师根据教学实际情况，指定几个主题（如开学季、旅游、美食、娱乐、体育等），让学生选择其中一个主题，按照操作演示为其制作九宫图。

4. GIF 动图制作训练

学生们可根据自己的兴趣自主寻找感兴趣的素材，按照操作演示进行 GIF 动图的制作。

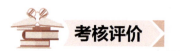

掌握图片处理技能考核评价表，见表 2-6。

表 2-6 掌握图片处理技能考核评价表

序号	评价内容	得分 / 分			综合得分 / 分
		自评	组评	师评	
1	封面图制作				
2	icon 图标制作				
3	九宫图制作				
4	GIF 动图制作				
	合计				

项目 2　掌握网店内容编辑工具的使用

任务 3　学会制作 H5 页面

 任务分析

谈到互联网的发展，必然会有人提及 H5。H5 是指第五代 HTML，也指用 H5 语言制作的一切数字产品，从以前的代码制作 H5 到后来许多 H5 制作平台的出现，这恰好突显了 H5 的强大和与时俱进，在更多地方发挥作用。那目前 H5 页面又有哪些功能，有什么样的展现形式，又是如何实现的呢？

 情境引入

伴随着互联网时代发展，对于企业网络编辑从业者而言，掌握 H5 页面制作已经成为必不可少的技能之一了。本任务我们主要介绍 H5 页面的类型、梳理 H5 页面的表现形式，并通过对应学习 H5 内容设计，让学生学习 H5 页面的设计流程和数据分析，并能够通过示例自主实战制作出一个 H5 页面。

 教师点拨

分任务 1　熟悉 H5 页面的 5 种类型与 4 种表现形式

一、熟悉 H5 页面的 5 种类型

H5 是一种制作万维网页面的标准计算机语言，由 HTML5 简化而来。HTML5 的设计目的是为了在移动设备上支持多媒体。由于微信迅速崛起，H5 语言编写的界面和微信浏览器比较兼容，借助微信移动社交平台走进大家的视野，也开始越来越受到欢迎。H5 页面的主要类型有活动营销型、品牌宣传型、总结报告型、产品介绍型、邀请函型等。

1. 活动营销型页面

大多数 H5 页面都是为了营销推广活动制作的，形式多种多样。H5 页面与静态的广告图片推广页面不同，它有着互动功能、页面质量提升、带有话题氛围的设计。这样能够增加趣味性，促使用户有浏览的欲望，并主动分享传播给其他用户。比如手机淘宝里的聚划算，其可爱的画风以及各种类型的优惠券使消费者忍不住想要打开一探究竟，如图 2-140 所示。

图 2-140　活动营销型页面

2. 品牌宣传型页面

这类 H5 页面重点在于宣传品牌，设计上需要符合品牌风格。它相当于一个品牌的微官网，倾向于品牌形象的塑造，传达给用户的是品牌精神，给用户留下深刻的印象最为重要。比如腾讯游戏英雄联盟推出的一个 H5 页面"揭示你的内心世界"，每个页面的画风、文案描述都代表着英雄联盟的风格，使人印象深刻，如图 2-141 所示。

3. 总结报告型页面

拿支付宝的年度消费账单来举例，这类 H5 页面属于总结报告类型。通过创新的互动方式使原本枯燥乏味的数字账单变得生动有趣。用户通过手指的滑动实现流畅的滚动视察，如图 2-142 所示。

图 2-141　品牌宣传型页面

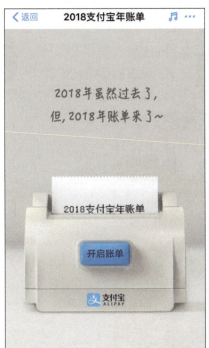

图 2-142　总结报告型页面

4．产品介绍型页面

这类 H5 页面常运用在汽车品牌上，通过 H5 的互动技术优势展示产品的特性，吸引着用户的购买欲望。比如阿斯顿马丁汽车，运用 H5 的互动页面流畅有序地介绍自家产品，使消费者的视觉感官更加生动有趣，如图 2-143 所示。

 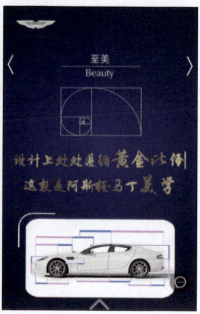

图 2-143　产品介绍型页面

5．邀请函型页面

大部分人都喜欢收到贺卡或被邀请的感觉。运用 H5 页面制作出各种形式的邀请函给人们带来了别样的视觉感受。品牌企业可以通过发送 H5 页面的邀请函、贺卡等，提升用户对品牌的好感度以及加深品牌印象，在邀请用户的同时也展示了自己的产品，如图 2-144 所示。

图 2-144　邀请函型页面

二、熟悉 H5 页面的 4 种表现形式

1. 图文形式

最先出现的 H5 页面就是图文形式的页面。图文的形式比较考验编辑的文案能力。虽然简单图文是 H5 页面早期的形式，但它的表现形式却可以是照片、插画、GIF 等内容交替运用。用户只需通过简单的翻页、单击等操作，就可以清楚了解对方的用意，如图 2-145 所示。

图 2-145　图文形式

2. 礼物、贺卡、邀请函形式

用礼物作为 H5 页面的表现形式，抓住人人都爱收礼物的用户心理，一直以来都深得 H5 设计者的青睐。所以，品牌方经常推出各种 H5 页面形式的礼物、贺卡、邀请函，通过提升用户好感度来潜移默化地达到品牌宣传的目的，如图 2-146 所示。

3. 问卷形式

以问卷为表现形式的 H5 页面，抓住用户的求知欲和探索欲心理，引导用户投身其中，得出最后结果。在制作这类 H5 页面时要求文案主线清晰、视觉设计出众，以弱化答题形式的枯燥感，如图 2-147 所示。

4. 游戏形式

H5 游戏，在手机小程序上有非常多种，如图 2-148 所示。企业利用简单的素材设计出操作简单的游戏。方便快捷的游戏体验使这种表现形式得到大众用户的青睐。因为 H5 小游戏操作简单、玩法单一，会使用户多玩几次就感到厌倦，所以如果企业想在游戏上成功获利就需要在游戏设计和游戏玩法上多下功夫。

图2-146 邀请函形式

图2-147 问卷形式

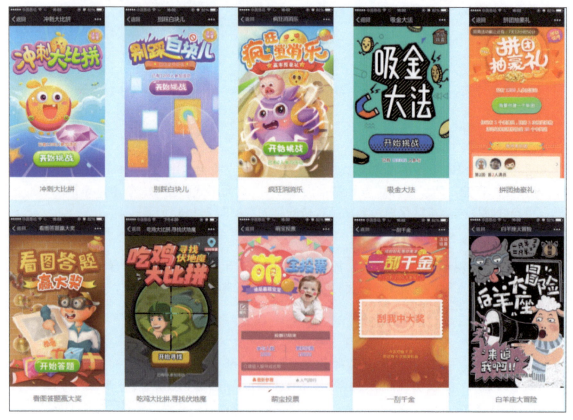
图2-148 游戏形式

分任务 2　熟悉 H5 页面的 4 大设计要素

制作 H5 页面时，需要考虑四大要素：数据分析、心理分析、精美设计、推出时间。这些都体现出制作的严谨性，从用户角度分析大数据，分析发布时间。下面讲述这四大要素的特点。

要素 1：掌握设计前的大量数据分析

我们根据 iH5 平台首页收录的 3000 多个 H5 行业案例，可以观察到国内 H5 广告工具化领域的整体应用情况。从 PV 分布情况和应用场景分布这两个大数据进行分析。

1. PV 分布

今年，在 iH5 平台上收集的 PV（页面浏览量）数据，得出万级以上的作品有 3000 多件，其中 2 个破千万，如图 2-149 所示。

图 2-149　iH5 平台 PV 数据

一个成品 H5 的浏览量能突破 10 万就算得上是优质的 H5 了，而破百万的只有少数，破千万的作品更是寥寥无几。要想有高流量，可以从两个破千万的案例中获取经验：一个是春节期间吉利汽车做的让用户吐槽春节遭遇的 H5，另一个是中国新闻网在父亲节期间发布的"给老爸选择礼物要先懂他"的 H5，如图 2-150 所示。

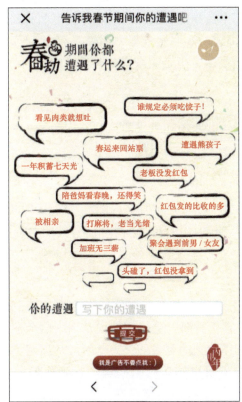

图 2-150　破千万 PV 值 H5 作品

2. 应用场景分布

通过 iH5 平台收集的场景类型大数据如图 2-151 所示。

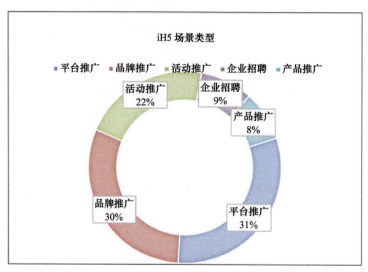

图 2-151　iH5 场景类型

当大企业开展活动推广 H5 时，一般活动准备时间比较长，不用担心经费问题，留给第三方广告团队充足的创作时间。与大企业相比，中小企业在制作 H5 的活动推广类时有所不同，从 iH5 平台上反映出 60% 的 H5 企业应用于平台推广和品牌推广，原因有两种：

（1）因为 iH5 的特点是交互功能多种多样，比如 720°全景重力感应、多帧交互动画等。

（2）制作时间短，制作方便，花费少，对于很多中小企业来说是非常好的选择。

要素 2：洞悉用户心理

优秀的 H5 作品总能引起人们的传播热潮。从转发的动机来看，怎么样的 H5 作品能够产生刷屏级现象呢？为什么能引起人们转发？

1. 好奇心

用户的好奇心总能驱使他们对 H5 的标题好奇，产生猎奇心理。同时好奇心也能够调动用户的情绪，比如看到标题，会点击进去；看到封面图，会点击进去；看到朋友圈转发的 H5 小游戏，也会点击进去了解。

2. 认同感

认同感指的是人对自我及周围环境有用或有价值的判断和评估。无论何时，个体都需要被肯定，但是很多人却得不到它，因为自己不够优秀吗？更确切地说是因为这个标准不适合自己，个体长期如果处于得不到承认的境地，体验到的更多的是失落感、疏离感。

一些测试问答型 H5（图 2-152）就是抓住了用户的认同感心理，得到他们的认同，并转发。例如，上传照片测试你十年后的样子、二十年后的样子等，这些测试结果往往都是让用户感觉符合自己的心理需求，于是有了被认同、承认的感觉。

图 2-152 测试问答型 H5 页面

3. 攀比心理

所谓的攀比心理，是刻意将自己在智力、能力、生活条件等方面与别人进行比较，并希望超越别人的一种心理状态。

比如一些游戏竞技类 H5，它会把用户的游戏成绩做成排行榜，这就是合理运用了用户的攀比心理，刺激用户之间的竞技来大力传播这类 H5，如图 2-153 所示。

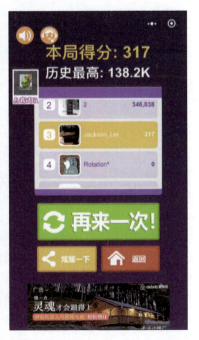

图 2-153 游戏竞技型 H5

要素3：学会精美的设计

一个优质的H5需要有好的内容策划。要从用户的角度去思考创作内容，深度挖掘用户的内心需求，思考用户不得不转发的理由，运用不同类型的页面打动用户。下面围绕策划、设计、体验三点来介绍设计H5页面的技巧。

1. 策划

优质的H5内容在策划中需要考虑到吸引人的选题、互动形式、共鸣等因素。下面我们以凯迪拉克的H5案例来讲述它是如何做到优质的内容策划的，见表2-7。

表2-7　凯迪拉克H5案例

选题	以"开车也能快进"为标题，引发用户的好奇心，达到吸引用户的目的
互动形式	页面是以视频形式宣传最新发布的凯迪拉克ATS-L车型广告
共鸣	以0～100km/h加速仅需6.2秒作为宣传重点。视频内容紧紧围绕着0～100km/h加速6.2秒、快这几个重要字眼，使用户印象深刻地感受到了0～100km/h加速仅需6.2秒所带来的震撼感和刺激感，引起内心共鸣

2. 设计

H5的页面设计中，有四个重要元素：Loading页、按钮设计、翻页箭头、分享提示。如果一个H5没有这四个元素就不能称得上是一个完整的H5。下面为大家介绍设计的四个细节制作技巧。

（1）Loading页。H5中常见的Loading页形式，如图2-154所示。

图2-154　常见的Loading页形式

如果H5的页面加载时间过长，容易导致用户失去耐心，跳失页面。接下来给大家介绍几个创意Loading，以供参考和学习。

1）品牌Logo。海绵科技为顺丰速递制作的H5 Loading页是品牌logo形式，Logo下加上一条进度条设计动效，展现了顺丰速递的品牌形象，如图2-155所示。

2）动画形式。海绵科技设计了一个Loading页名为80后KOF回忆杀，这个页面加载采用的是游戏拳皇人物奔跑的形式，生动有趣的动画不会令人反感和不耐烦，效果如图2-156所示。

3）其他形式。热潮互动为广东电网制作的H5是通过变形进度条来设计Loading动效，非常形象地展现了电网的传输状态，充分地展现了企业特征，效果如图2-157所示。

（2）按钮设计。按钮设计主要分为两种。第一种是按钮名设计。设计有趣生动的按钮名能有效降低用户的抵触情绪。第二种是按钮的颜色风格设计。颜色较为明显清晰的按钮更容易引起用户的注意，从而提高H5单击率。

图2-158所示为设计风格清晰明显的H5按钮。

图 2-155　案例 1　　　　　图 2-156　案例 2　　　　　图 2-157　案例 3

图 2-158　按钮设计案例

（3）翻页箭头。翻页箭头大致被分为两种，箭头翻页和手势翻页。

1）箭头翻页。它通常适用于展示类 H5，一般为上翻箭头（上下翻页时）和左翻箭头（左右翻页），有些模板素材可一键设置翻页箭头。与背景音乐图标类似，翻页提示最好也尝试结合 H5 内容进行设计，如图 2-159 所示。

2）手势翻页。它主要适用于长页面或者左右翻页的场景。通过手指单击的滑动效果来提示翻页。一般的翻页提示都以提升用户体验 H5 为前提，通常都是小而精，但图 2-160 所示的这个 H5 别具一格，整体采用了手绘风格，将翻页提示融合进画面中。

图 2-159　箭头翻页案例

 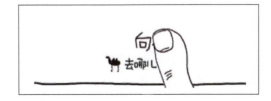

图 2-160　手势翻页案例

（4）分享提示。一个优质的 H5 除了内容质量之外还需要有一个精心设计的分享提示，这样才能打动用户的心，达到分享给更多人的目的，还可以通过文字、动画等方式暗示分享转发。

3. 体验

合理运用技术，打造出流畅的用户互动体验是一个优质 H5 必不可少的。现在的许多 H5 平台推出了绘图、摇一摇、重力感应、擦除、3D 视图等互动效果。如果不加构思，胡乱插入各种互动特效，将会导致页面混乱不清，因此建议大家合理地运用互动特效。

例如，淘宝推出的淘宝造物节 H5。当用户用手机打开页面，就开始以重力感应形式与用户进行互动，还以 VR 形式自由旋转，以便用户看到更多店铺，点击后即进入到自己喜欢的店铺，给用户带来身临其境的视觉体验。这是合理利用技术给用户带来良好互动体验的典型案例，如图 2-161 所示。

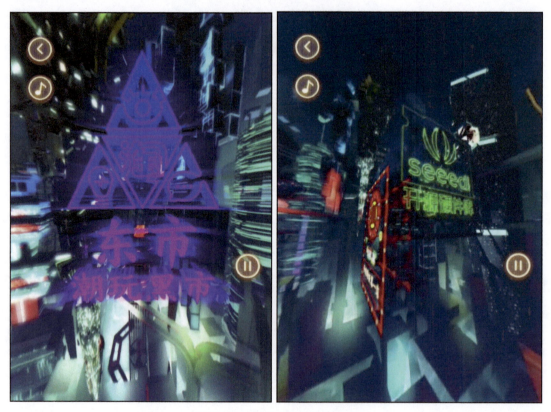

图 2-161 淘宝造物节 H5 案例

要素 4：选择合适的发布时间

根据腾讯《移动页面用户行为报告》，用户访问互联网的高峰时间段是中午 12 点和晚上 10 点。我们可以研究目标用户的互联网使用习惯，根据其移动 H5 页面用户行为数据，选择合适的发布时间，以求获得最佳效果。

分任务 3　掌握 H5 页面的制作方法

一、熟悉 H5 制作工具

1. 易企秀

易企秀（http://www.eqxiu.com/）是最早的微场景平台，它只需要注册账号就可以登录使用，并且素材、案例相较于其他的平台更为丰富一些，操作界面相对简单，如图 2-162 所示。

图 2-162　易企秀页面

2. MAKA

MAKA（http://maka.im/），号称是强大的 H5 制作工具，它的动态效果质量高，并且一些模板的质量、排版也是很出色，打开速度快，如图 2-163 所示。

图 2-163　MAKA 页面

3. iH5

iH5（https://www.ih5.cn/），是目前最专业的 H5 工具，带有互动游戏等功能，如果对 H5 页面的内容与质量有更高的要求，那么 iH5 将会是你的首选工具，如图 2-164 所示。

图 2-164　iH5 页面

H5 的制作工具还有很多，例如 Epub360 等。H5 只是一种形式，能让用户更好地了解到你所传达的内容才是最重要的。

二、制作 H5 邀请函

邀请函是邀请亲朋好友或知名人士、专家等参加某项活动时所发的邀请函。它也是使用 H5 页面进行活动营销的手段之一，它有别于传统的手写邀请函，可以在互联网上传播，制作也简单方便，成本低。

本书以易企秀平台为例，介绍邀请函的制作步骤。

步骤 01：登录。

首先使用浏览器打开易企秀的官方网站。在官网主界面的右上方可以看到"登录"和"注册"两个选项，注册一个账号，然后登录，如图 2-165 所示。

图 2-165　易企秀网站首页

步骤02：免费模板。

在网站的右上角选择"免费模板"进入免费模板页，如图2-166所示，找到适合的邀请函模板并打开它。

图2-166　免费模板页

步骤03：编辑页面。

进入编辑页面，编辑文案填写公司地址等内容，如图2-167所示。

图2-167　易企秀编辑模板页

步骤04：添加新页面。

选择第2页或者添加新页面，用于编辑公司信息、公司介绍等，如图2-168所示。

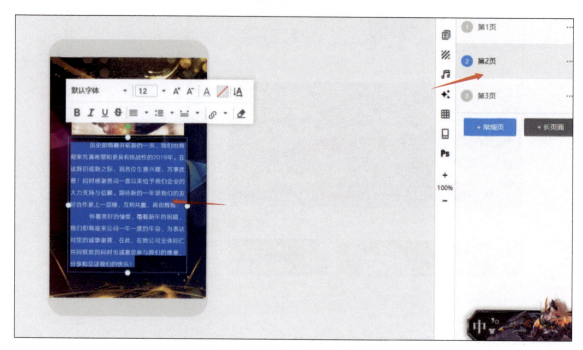

图2-168　易企秀网站首页

步骤05：编辑完成。

最后编辑完成，在右上角单击"发布"按钮即可，如图2-169所示。

步骤06：发布成功。

发布成功后，可以选择二维码、图片、长页形式分享给企业来宾，如图2-170所示。

图2-169　发布页

图 2-170 发布成功

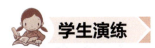

根据给出的主题（见表 2-8），制作一个 H5，并生成分享链接。

表 2-8 H5 主题表

主题（任选一个）	主题说明
校庆邀请函	为学校的 100 周年校庆策划一个 H5 邀请函
运动会班级介绍	为自己班级策划一个介绍性 H5 海报
传统节日介绍	为临近的中国传统节日制作一个节日介绍
个人偏好介绍	介绍自己喜欢的球队、明星或偶像

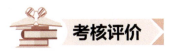

学会制作 H5 考核评价表，见表 2-9。

表 2-9 学会制作 H5 考核评价表

序号	评价内容	得分／分			综合得分／分
		自评	组评	师评	
1	进入制作网站并设计至少 3 个页面				
2	页面设置合理并有背景音乐				
3	生成链接／二维码，并能通过该链接查看				
	合计				

任务 4　学会使用视频工具

 任务分析

伴随着短视频行业的不断发展，视频编辑工具及其功能也日新月异。对于一名网络编辑从业者而言，需要不断跟进时代的步伐，不断地提高自己的知识与技能。因此，这也要求网络编辑从业者需要不断掌握视频工具的相关技能点。

 情境引入

对于一名网络编辑从业者而言，掌握视频工具，无疑是重中之重。近年来，随着短视频行业不断发展，用户的需求和要求也在不断提高。而为了顺应这一趋势，网络编辑从业者不仅需要了解 PC 端和手机端的视频制作工具，并熟练掌握其中几款软件的运用，同时还需要掌握视频的处理技巧和编辑流程。

本任务主要介绍 PC 端视频工具、手机端视频制作工具、PC 端编辑流程、手机端视频编辑，通过案例分析，穿插全文进行讲解，让学生学习视频工具的相关知识，并能够通过实战完成手机端视频的保存发布。

 教师点拨

分任务 1　熟悉 PC 端和手机端的视频制作工具

一、熟悉 PC 端视频制作工具

内容创业领域的资本热度有增无减，短视频依然为资本市场所追捧。当下短视频节目，不论在制作体量、覆盖人群还是播放量上，已经比肩传统的电视台和视频网站制作的节目，现已成为内容领域的第三极。常用的视频制作工具如下：

1. 在线视频制作网站

（1）爱美刻（在线）。爱美刻（https://aimeike.tv/），图 2-171 所示为其网站页面，对新手友好，操作简洁，上手较快。网站内不仅提供了近百个模版给使用者参考选择，而且自带 3D、转场、光效、文案，使得初学者能够轻松地做出大片效果。

图 2-171　爱美刻页面

（2）传影 DIY（在线）。传影 DIY（https://www.chuanying520.com），如图 2-172 所示，它的优势在于拥有丰富的相册视频模板，强大的编辑功能和便捷式的操作。

图 2-172　传影 DIY 页面

（3）米咖视频（在线）。米咖视频（http://www.miqimv.com/），如图 2-173 所示，与其他的视频编辑工具相比，它的优势在于简单快速。

图 2-173　米咖视频页面

2. 通用型视频制作工具

（1）爱剪辑是一款全能免费视频剪辑软件，如图 2-174 所示，支持给视频加字幕、调色、加相框等功能，且具有诸多创新功能和影院级特效，也是目前国内运用最为广泛的视频编辑工具之一。

图 2-174　爱剪辑页面

（2）会声会影具有图像抓取和编修功能，可以抓取、转换 MV、DV、V8、TV 和实时记录抓取画面文件，并提供百余种的编制功能与效果，还可导出多种常见的视频格式，并直接制作成 DVD 和 VCD 光盘，如图 2-175 所示。

图 2-175　会声会影页面

（3）iMovie，如图 2-176 所示，对于 Mac 系统的用户来说，它是一款用来制作相册视频的高效工具。当视频制作完成后用户还能一键上传到众多社交媒体的网站上。目前 iMovie 只能够导出 MOV 格式的视频，如果想要让制作的视频适配更多的设备和社交网站，可以将这个视频转换成一个更加通用流行的格式。iMovie 软件只能在 Mac 上面使用，不是 Mac 用户恐怕就无法体验。

图 2-176　iMovie 页面

3．专业型视频制作工具

（1）Adobe After Effects，简称 AE，是 Adobe 公司推出的一款专业图形视频处理软件，主要面向从事设计和视频特技的机构，包括电视台、动画制作公司、个人后期制作工作室以及多媒体工作室使用。AE 属于层类型后期软件。

AE 可以帮助用户高效且精确地创建引人注目的动态图形和震撼人心的视觉效果。通过与其他 Adobe 软件紧密集成和高度灵活的 2D 和 3D 合成以及数百种预设的效果和动画，可以为电影、视频、DVD 和 Macromedia Flash 作品增添令人耳目一新的效果。

（2）Adobe Premiere，简称 PR，是一款常用的视频编辑软件，由 Adobe 公司推出。PR 是一款编辑画面质量比较好的软件，有较好的兼容性，且可以与 Adobe 公司推出的其他软件相互协作，如图 2-177 所示。目前这款软件广泛应用于广告和电视节目制作中。

图 2-177　PR 页面

（3）EDIUS 是一款专为广播和后期制作环境而设计的软件，特别针对新闻记者、无带化视频制播和存储使用。EDIUS 拥有基于文件完善的工作流程，提供了实时、多轨道、多格式混编、合成、色键、字幕和时间线输出功能，如图 2-178 所示。

图 2-178　EDIUS 页面

二、熟悉手机端视频制作工具

1．VUE

VUE 是目前广泛运用的手机短视频制作工具之一，附带多样的滤镜风格和各种贴纸素材，并能方便地从云端下载配乐，提供清晰简洁的新手指引等诸多特点，得到了一大批粉丝的喜爱，如图 2-179 所示。

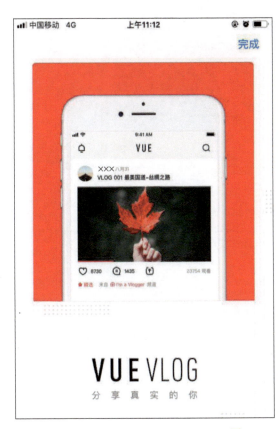

图 2-179　VUE 页面

2．美拍大师

美拍大师也是国内比较常用的一款视频剪辑制作软件。与其他软件相比，它的优势在于制作页功能清晰，且动态文字和音乐功能较为突出。不足之处在于它的过渡功能不能逐个修改，视频音量不能一起调整，也不能在云端储存视频。最为影响用户体验的一点是，ios 手机相册里原有的视频和图片，单击添加时经常提示无法打开或需要下载，高清的图片添加进视频后也只能是标清品质，这成了对视频清晰度有更高要求的视频制作者的一个选择障碍，如图 2-180 所示。

3. 会声会影手机版

会声会影的界面如图 2-181 所示,操作简单,模块和功能都比较丰富,与其他制作软件相比,它还兼具 GIF 的添加和制作、抠图和音乐相册制作功能。但是需要注意的是,会声会影部分功能需要付费才能使用,编辑工具栏里的视频拼接和剪辑应用无法识别其他 APP 拍摄的视频,只能识别手机自带相机拍摄的视频。

图 2-180　美拍大师页面

图 2-181　会声会影页面

4．快剪辑

快剪辑是一款功能齐全、操作便捷的免费视频剪辑软件，对于零基础的入门者而言，操作以及上手难度都非常友好，如图 2-182 所示。

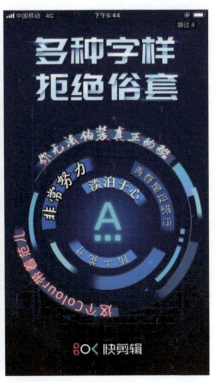

图 2-182　快剪辑页面

分任务 2　掌握视频下载与格式转换的技巧

一、掌握视频下载的 2 种方法

1．获取微信文章内的视频链接

微信文章内显示的视频通常来自腾讯视频。因此，获取微信文章所附视频的直接方式是在腾讯视频中搜索。但是视频标题与微信文章的标题完全不同时，会导致无法检索到视频。

此时，可以采用浏览器获取的方式解决这一问题，下面以谷歌浏览器为例：

（1）在计算机端打开图文消息。将图文消息通过计算机端的谷歌浏览器打开，如图 2-183 所示。

（2）查看网页源代码。在网页任意位置单击鼠标右键，执行"查看网页源代码"命令，进入代码窗口，如图 2-184 所示。也可以按下 <Ctrl+F> 快捷组合键进行页面搜索，搜索关键词"V.qq.com"，搜索结果中红框标蓝的部分就是图文消息中视频的链接代码，如图 2-185 所示。

图 2-183　图文消息

图 2-184　查看网页源代码 1

图 2-185　查看网页源代码 2

2．导出朋友圈视频至计算机

新媒体从业者需要养成随时保存素材的习惯，及时将好的短视频收藏或下载，留存备用。将微信朋友圈视频导出至计算机的方法如下。

（1）在手机端打开朋友圈视频，长按视频进行保存，屏幕下方会提示保存位置。

（2）进入手机相册，可以看到已保存至相册的视频，如图 2-186 所示。

（3）将视频发送至计算机。在计算机端登录 QQ，并在手机端登录同一个 QQ 账号，单击手机端 QQ "联系人"→"设备"→"我的电脑"，选择视频文件，单击"发送"，发送至计算机，如图 2-187 所示。

图 2-186　进入相册

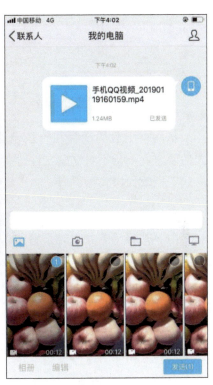

图 2-187　在手机端 QQ 发送文件端

（4）视频"另存为"。在计算机端接收到视频文件后，单击右键，选择"另存为"，即可把视频文件导出保存至计算机，如图 2-188 所示。

图2-188 在计算机端QQ上将文件导出

二、掌握音频视频格式转换的方法

从网络下载的视频和一些设备拍摄的音视频发布到网站时，因为个别网站平台对于格式的要求，不得不对这些文件进行格式转换。以下介绍音频、视频格式转换的一些方法，以格式工厂软件操作为例。

1. 音频格式转换

（1）选择"音频"转换格式。打开"格式工厂"，默认是"视频"转换，单击"音频"切换至音频转换，根据需要选择输出的音频格式，如图2-189所示。

（2）添加音乐文件。选择输出格式后进入转换窗口，单击"添加文件"按钮选择所要转换的文件，单击"确定"按钮，如图2-190所示。

（3）开始转换。在返回的窗口中单击"开始"按钮进行转换。转换完成后，右键单击文件选择"打开输出文件夹"命令，即可找到转换后文件的存放位置，如图2-191所示。

2. 视频格式转换

（1）选择"视频"转换格式。选择转换目标格式，单击"视频"按钮，如图2-192所示。

（2）添加视频文件。选择输出格式后进入转换窗口，单击"添加文件"按钮，选择所要转换的文件，单击"确定"按钮，如图2-193所示。

项目2 掌握网店内容编辑工具的使用

图2-189 音频格式转换

图2-190 添加文件

图 2-191　开始转换

图 2-192　视频格式转换

图 2-193　添加视频文件

（3）开始转换。在返回的窗口中单击"开始"按钮进行转换。转换完成后，右键单击文件，选择"打开输出文件夹"命令，即可找到转换后文件的存放位置，如图 2-194 所示。

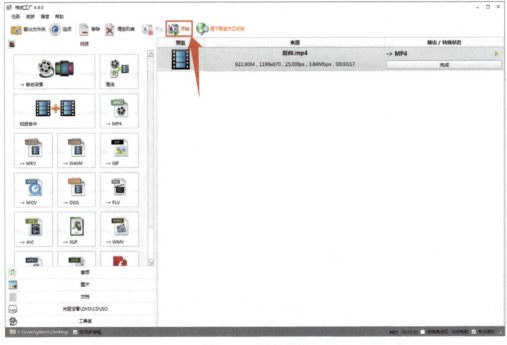

图 2-194　开始转换

分任务 3　掌握 PC 端和手机端的视频编辑流程

一、掌握 PC 端视频编辑的技巧

1．视频详情

我们以拍摄护肤品视频为例，实操演示 PC 端视频编辑技巧，如图 2-195 所示。在实操演示中，我们需要用到 Pr（Premiere，视频编辑软件）和 Ae 两款软件。

图 2-195　护肤品

2．初步剪辑

（1）整合素材。作为一名剪辑师，从拿到素材开始你就要知道你手里面有什么可用的内容，这些内容要如何去运用，这是着手剪辑前的第一步，也是花费时间最长的一步。

一般故事片按照场景分类，产品的话没有场景，我们按照景别分类。

将所拍摄的视频文件拖入到 Pr 软件后，为了使影片的内容更加紧凑，可以对素材的片段进行提取、排序等简单编辑的操作。修整素材可以一次性提取视频素材中所需的片段，将素材中不需要的片段提出，只保留需要的部分。

示例：

1）打开 Pr 软件，新建一个序列，命名为"近景"，如图 2-196 所示。

2）打开素材库中的"近景"文档，将素材拖到 Pr 中，并把所有素材拖到时间线上。按下 <空格键>，播放素材，仔细查看每段素材，使用剃刀工具设置删除标记点，用选择工具选择出不需要的部分，按下 <Delete> 键删除（一般掐头去尾，删除抖动、模糊等有瑕疵的内容），将所有的素材都进行修整，如图 2-197 所示。

3）同理，分别新建序列"产品""近景""中景""全景""微距"和"水下"，将素材库中对应的素材导入，并修整素材，如图 2-198 所示。

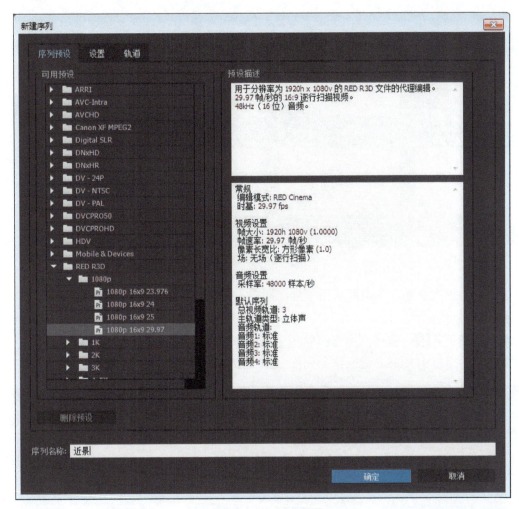

图 2-196　打开 Pr 软件

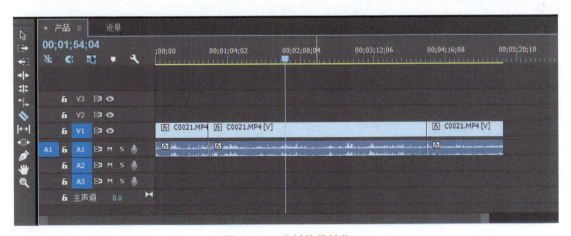

图 2-197　素材修整操作

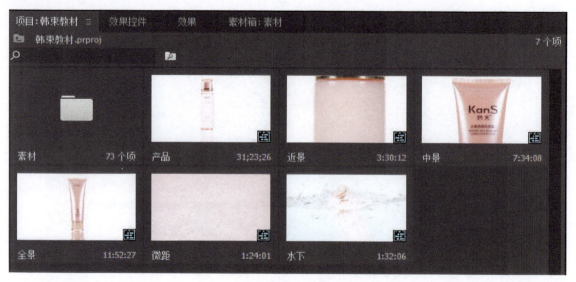

图 2-198　修正素材

（2）删除原有音频。这次剪辑用不到同期声，所以在剪辑开始之前把同期声删除。

示例：

单击选择工具■，将序列中音频轨道中的音频删除，或者按下快捷键 <Alt>+ 鼠标单击音频文件，然后按 <Delete> 键删除，如图 2-199 所示。

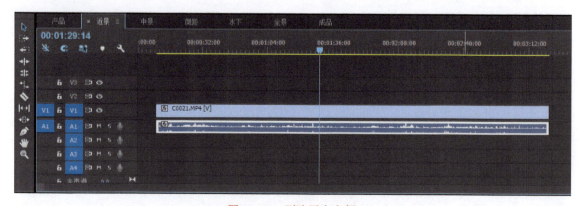

图 2-199　删除原有音频

（3）添加音频。音频包括背景音乐、旁白及配音等。修整完所有的素材，根据素材风格明确一个主题，或欢快或沉稳。

按照主题寻找音乐，一般找两至三首备用。

本案例下载素材库中的"护肤品视频拍摄音乐 .mp3"，将音频拖入 Pr 软件中。

示例：

1）将音频素材拖入到时间线上，如图 2-200 所示。

2）如图 2-201 所示，明确所需要的音乐时长，本案例的音乐时长设置为 30s，按照音乐本身的节奏剪辑，剪辑的思路和风格带着强烈的个人风格，标准是剪辑出的音乐要流畅，没有被剪辑过的痕迹。（本分任务中有关音乐剪辑具体可参考素材库中"化妆品视频拍摄.pro"。）

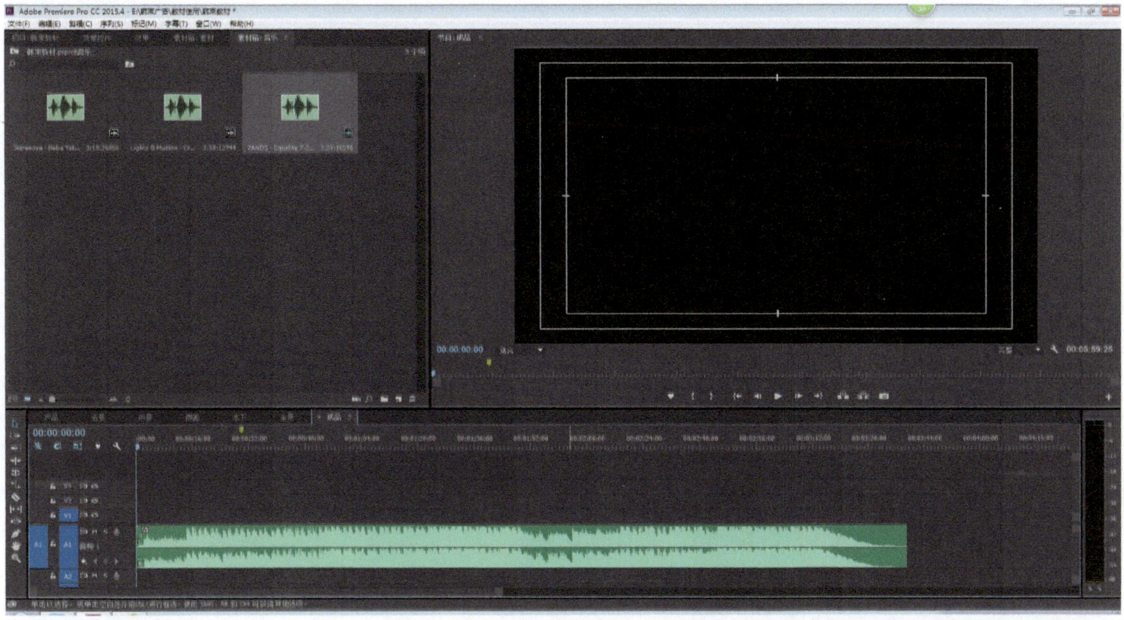

图 2-200　将音频素材拖入到时间线上

图 2-201　明确所需要的音乐时长

（4）调整每个视频素材的先后顺序，视频轨中素材的前后顺序也就是视频播放的顺序，如同音乐的剪辑一样，素材摆放的先后顺序也是按照剪辑师的思路，带着强烈的个人风格，模式比较灵活，但在安排素材的先后顺序之前，建议事先设计好整个视频的逻辑主线，本例护肤品的拍摄视频可按照由局部到整体的逻辑来剪辑。

（5）根据音乐的节奏来调整每段视频的播放速度（注意，这里可以不用特别细致，先做出一个初稿）。

另外，对于一个完整的视频来说，相邻的素材要有不同的景别、不同的角度。两个相像的景别或角度会给人跳跃感，看起来画面不连贯。

使用效果控件中的"剪辑速度/持续时间"来调整画面在合成中速度的快慢。

示例：

单击选择工具，选择要调整速度的素材片段，按下 <Ctrl+R> 快捷组合键，从弹出的视频框中，调整速度的数值，注意时间越小，画面越慢，时间越大，画面越快，如图2-202所示。

（6）调整素材效果。由于在前期拍摄过程中，会用到不同的分辨率以及不同的帧数率，在后期剪辑的时候需要根据实际情况进行裁剪、缩放、旋转等效果调整，此时就会需要用到相应的效果控件。以下介绍几种常用的工具示例。

1）位置。位置工具用来调整画面在合成中素材的位置移动。

我们可以通过调整其数值，来控制素材的位移，如图2-203所示。

图2-203　调整位移参数

图2-202　剪辑速度和持续时间

调整之后效果如图2-204所示。注意，这里只是举例说明该功能的使用方法，具体剪辑时需要配合剪辑师的思路来进行调整。

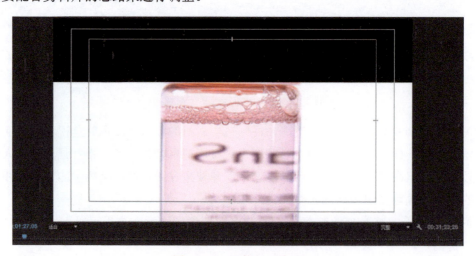

图2-204　调整之后效果

2）缩放。缩放工具用来调整画面在合成素材的大小。当我们将缩放的数值设置为"33.0"时，素材即被缩小为原素材的33%大小如图2-205和图2-206所示。

图2-205　缩放调整

图 2-206　缩放之后效果

3）不透明度。不透明度工具用来调整画面在合成中的透明度。当我们将不透明度的数值设置为"60.0%"时，素材的不透明度为原素材的 60%，如图 2-207 和图 2-208 所示。

图 2-207　不透明度设置

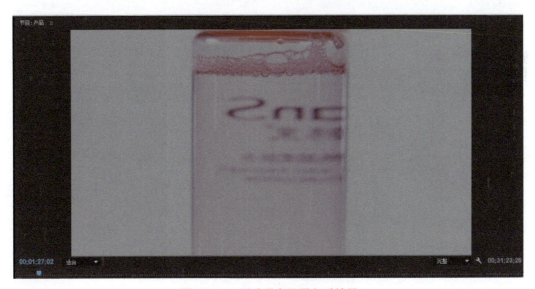

图 2-208　不透明度设置之后效果

（7）添加转场。转场是从上一个画面过渡到下一个画面，在项目中添加转场效果能让素材与素材之间的过渡更自然。Pr中提供了很多种转场效果，最常用的就是硬切和过渡。

示例：

硬切就是两个画面中间不添加任何转场特效，直接从上一个画面切换到下一个画面，如图2-209所示。

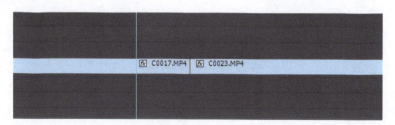

图2-209　硬切

过渡即在两个画面中间添加一个交叉溶解，上一个画面慢慢地变到下一个画面，如图2-210所示。

图2-210　过渡

3. 视频精修

初步剪辑完成以后，就可以在Pr中观看效果，检查视频还有哪些地方需要修改，并确定修改方案。

如果初稿确定下来了，需要再仔细调整一下视频中转场的节点，确保和音乐同步。

以抠图为例说明如下。

（1）打开Ae软件，把需要抠图的素材拖到视频轨道当中，如图2-211所示。

（2）单击钢笔工具，沿着产品边缘绘制路径将产品主体抠出来，如图2-212所示。

图 2-211　抠图 1

图 2-212　抠图 2

（3）视频的抠图比较麻烦，比如 30 帧/秒的视频素材，我们需要查看每一帧有没有问题，如果发现有问题则需要对每一帧进行抠图。抠图时需要注意的是，锚点要尽量少，路径要贴边，曲线要尽量圆滑。抠图花费的时间比较长，需要有足够的耐心。

4. 色彩校正

由于前期拍摄的过程中，每一个镜头之间会出现曝光、饱和度、对比度、白平衡等不一样的情况，因此需要通过后期调整来确保整个视频的统一性和协调性。

（1）曝光。一般使用软件自带的 RGB 曲线进行调整。

RGB 曲线是通过红绿蓝 Alpha 透明通道来调整画面的亮度和色调，找到 RGB 曲线，将其拖动到素材上。

执行"效果"→"过时"→"RGB曲线"命令，调整RGB曲线。

向上拉曲线，画面变亮。向下拉曲线，画面变暗，如图2-213和图2-214所示。

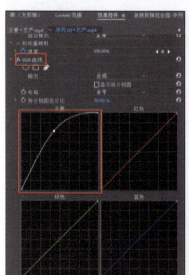

图2-213　调整曝光1

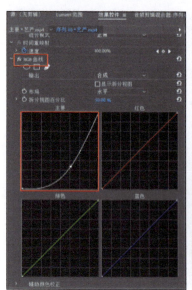

图2-214　调整曝光2

本案例拍摄的化妆品的视频，风格设定为清新干净，所以在调整颜色的时候应将色调偏亮。

（2）白平衡与色温。白平衡是一个抽象的概念。一般理解为让白色所成的像依然为白色，如果白是白，那其他景物的影像就会接近人眼的色彩视觉习惯。色温是用来表示光源颜色的尺度，我们日常色温范围是2500～10000K。数值越低，色温越低，画面也就越偏黄。

数值越高，色温越高，画面也就越偏蓝。

执行"效果"→"过时"→"三向颜色校正器"命令，添加三向颜色校正器，将三向颜色校正器拖动到素材上，如图 2-215 所示。

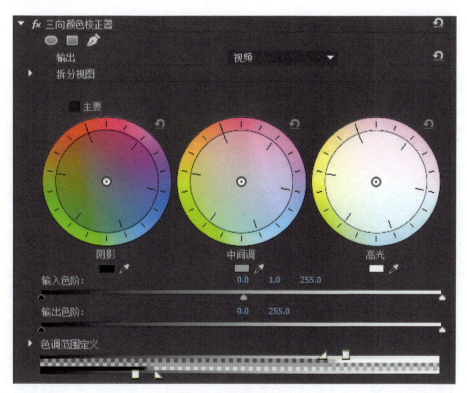

图 2-215　白平衡与色温

阴影部分单独调节暗部白平衡。中间部分调节中间灰部白平衡。而高光部分单独调节亮部白平衡。

注意，要根据实际情况来调整素材的白平衡，保证整个片子的白平衡统一。

（3）饱和度。饱和度是指色彩的鲜艳程度，也称色彩的纯度，如图 2-216 所示。

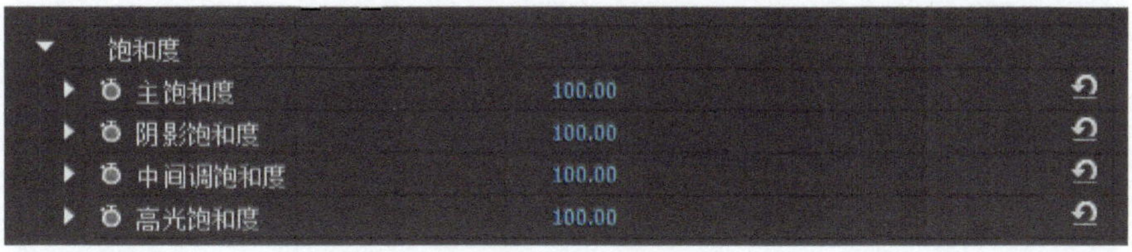

图 2-216　饱和度

执行"效果"→"过时"→"三向颜色校正器"命令，添加三向颜色校正器。

根据实际情况，分别调整画面的饱和度。

（4）对比度。对比度指的是一幅图像中明暗区域最亮的白和最暗的黑之间不同亮度层级的测量，差异范围越大代表对比度越大，差异范围越小代表对比度越小。

执行"效果"→"颜色校正"→"亮度与对比度",如图2-217所示即为调整素材的亮度、对比度的操作。

5. 视频输出

影片制作完成后,需要将其输出为视频文件。

(1)选择出入点。出入点就是选择你所需要的素材导出,如图2-218所示。

图2-217 对比度

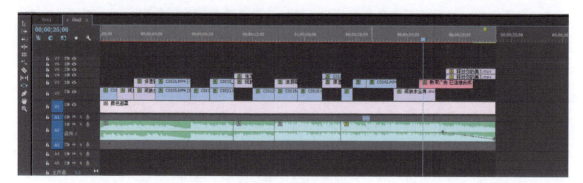

图2-218 选择出入点

(2)输出设置。按下<Ctrl+M>快捷组合键,弹出导出设置框,选择所需要的格式,如图2-219所示。

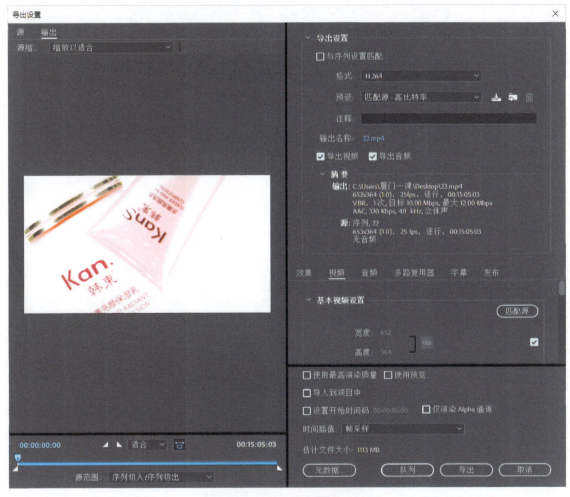

图 2-219　输出设置

在视频"比特率设置"项设置所需要的码率，如图 2-220 所示。

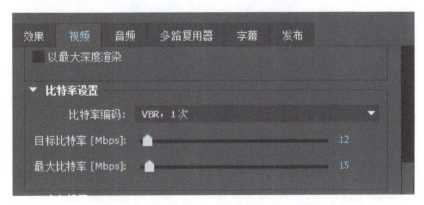

图 2-220　在视频"比特率设置"项中选择码率

在"输出名称"项中选择要导出的位置，输出成片，如图 2-221 所示。

图 2-221　在"输出名称"项中选择要导出的位置

二、掌握手机端短视频编辑的技巧

1. 视频详情

下面以拍摄水果视频（图 2-222）为例进行实操演示。在实操演示过程中，需要用到的视频编辑 APP 为"快剪辑"。

图 2-222　视频详情

2. 实操演示

步骤 01：开始剪辑。

首先，在手机上打开"爱剪辑"软件。单击"剪辑"，进行编辑，视频素材可以通过该软件拍摄生成，也可以通过手机存储的素材进行创作。然后单击"导入"，进行下一步，如图 2-223 所示。

步骤 02：选择画面比例。

很多平台的默认画面比例都是 16:9，因此我们可以选择这一参数，单击"确定"，进行视频编辑,如图 2-224 所示。

图 2-223　开始剪辑

图 2-224　选择画面比例

步骤 03：镜头长度选择。

可以单击下方的"快速选取"设置好的秒数,进行镜头长度的选择,如图 2-225 所示。

步骤 04：功能使用。

软件界面下方出现的各种功能,包括滤镜、音乐、字幕等,可以根据自己所需的风格进行使用,如图 2-226 所示。

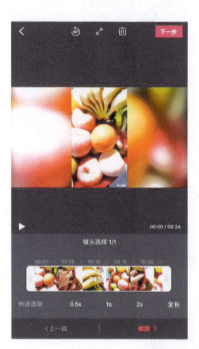
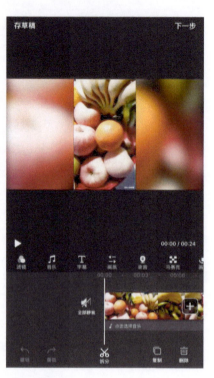

图 2-225　镜头长度选择　　　　　　图 2-226　功能使用

如在滤镜选择上,可以根据自己喜好,结合短视频的画面选择一个最适合的滤镜,而视频的背景音乐则需要结合视频的呈现效果进行选择,如图 2-227 所示。

图 2-227　滤镜效果与背景音乐的选择

在选择字幕上，则进入到添加字幕界面，如图2-228所示，输入文字，选择样式，生成字幕。

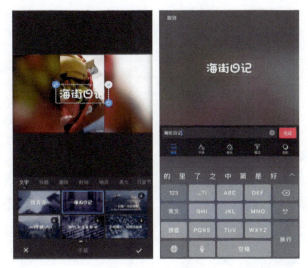

图2-228　字幕选择

步骤05：片头、封面和水印设置。

片头可供选择的样式有"快剪辑""时尚""娱乐"以及"无片头"4种。除了"无片头"外，其他三种都是以快剪辑字样出现，如图2-229所示。

封面则可以从手机相册内的照片中进行选择生成，如图2-230所示。

图2-229　片头选择

图2-230　封面选择

水印的选择可以单击"自定义"，从手机相册内的照片中进行选择。也可以使用"快剪辑"命名生成，如图2-231所示。

步骤06：选择视频清晰度。

选择视频清晰度，如高清1080P，单击"生成"，等待片刻，就会显示该视频已保存到相册了，如图 2-232 所示。

图 2-231　水印选择

图 2-232　选择视频清晰度

步骤 07：保存并分享。

在完成清晰度的选择后，我们可设置视频的标题，之后单击"保存并分享"，在完成保存后，还可把作品发布到朋友圈或微博等平台，如图 2-233 所示。

图 2-233　保存并分享

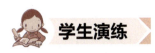 **学生演练**

根据实际情况,从教师指定的几个文章主题中(如开学季、旅游、美食、娱乐、体育等),选择其中一个主题,进行拍摄或相关素材搜集,然后下载"快剪辑",进行实际操作。

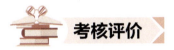 **考核评价**

学会使用视频工具考核评价表,见表2-10。

表2-10 学会使用视频工具考核评价表

序号	评价内容	得分 / 分			综合得分 / 分
		自评	组评	师评	
1	视频剪辑流畅				
2	画面清晰、美观、有字幕水印音乐、片头封面				
3	视频主题鲜明且完整有趣				
	合计				

一、单选题

1. 微信公众号排版的字体颜色应该选择(　　)。

　　A. 纯黑色　　　　　　　B. 灰色　　　　　　　C. 荧光色

2. 如果找来的素材颜色不统一，正确处理方式是（　　）。
   A．为图片添加蒙版　　　B．更改图片属性　　　C．以上所有
3. 以下哪个是总结报告型的 H5？（　　）
   A．手机淘宝里的聚划算
   B．英雄联盟推出的 H5 页面"揭示你的内心世界"
   C．支付宝的年度消费账单
4. 关于爱美刻工具，以下说法不正确的是（　　）。
   A．线下工具　　　　　　B．对于新手而言，操作简洁，上手较快
   C．提供了模版给使用者参考选择

二、多选题

1. 以下关于图文搭配的细节，说法正确的是（　　）。
   A．图片版式大小一致　　　　　　　　B．图文之间要有间距
   C．文字的颜色要使用亮黄色、荧光绿等
2. 图片快速合成的方法有（　　）。
   A．用 PPT 进行图片拼接合成
   B．用 Photoshop（Ps）进行图片合成
   C．用其他图片合成软件进行合成
3. 以下属于 H5 页面的表现形式的是（　　）。
   A．图文形式　　　　　B．礼物/贺卡/邀请函　　　C．问卷
4. 以下属于手机端视频制作工具的是（　　）。
   A．VUE　　　　　　　B．美拍大师　　　　　　C．会声会影手机版

三、填空题

1. 基础的排版内容包括_____、_____、行间距、段间距、字间距、页边距、文字链等。
2. _____是一种文字呈现形式，以图形化排版方式来表达某个概念或形象。
3. Photoshop（Ps）主要针对那些由_____所构成的数字图像的处理。
4. 图片整体要统一风格，主要体现在_____统一、_____统一、_____统一。
5. 制作 H5 页面时，需要考虑四大要素：_____、心理分析、_____、推出时间。
6. 一个完整的 H5 页面设计有四块是重要的：_____、按钮设计、翻页箭头、_____。
7. 初步剪辑的第一个步骤是_____。
8. _____是从上一个画面过渡到下一个画面，在项目中添加_____效果能让素材与素材之间的过渡更自然。

项目 3
掌握各种软文文案的写作技巧

如今,互联网已成为各大企业的营销高地,有企业为了品牌知名度大砸广告,也有企业为了产品宣传疯狂烧钱,营销套路层出不穷,我们常常无意中就处于"被营销"的境地,而文案便是企业主们的营销利器。不管是软文、销售信、公众号文案、电商文案还是互联网产品文案,所有文案的最终创作目的就是为了引发共鸣,让读者"做点什么"。不能打动人的文案,就像一瓶漏气的可乐,饮之无味、弃之可惜。

项目内容

本项目分 5 个任务,介绍了 5 种文案——软文、销售信、公众号文案、电商文案和互联网产品文案的写作技巧,通过写作演示和写作实战演练,旨在让学生不再为写文案而苦恼,使学生真正掌握各种文案的写作技巧和方法。

项目目标

- 了解软文的概念、类型和表现形式,并掌握软文标题和正文的写作技巧。
- 了解销售信的概念和力量,并掌握销售信标题和正文的写作技巧。
- 掌握公众号文案标题写作技巧,掌握公众号文案正文逻辑,掌握高转化文案的法则及写作技巧。
- 了解电商文案,掌握电商主图文案、海报文案、详情页文案的制作要点和写作技巧。
- 学会挖掘产品卖点,掌握互联网产品文案逻辑并掌握高水平产品文案的写作技巧。

任务 1　掌握软文的写作技巧

  任务分析

软文是相对于硬性广告而言的,也属于广告的一种。软文的精妙之处在于一个"软"字,它将文章与广告完美融合,使用户在不知不觉中受到营销,不具有强制性,其所能达到的广告营销效果尤为显著。作为一名网店内容编辑人员,了解软文并掌握软文写作技巧是必备的技能。

本任务,我们将介绍软文的概念、写作技巧以及如何创作高转化的软文,让学生认识软文,并能够根据示例分析写出一篇软文。

  情境引入

在这个信息爆炸的互联网时代,人们对信息的自主选择性越来越强,早期硬性广告的形式不再受人待见,日渐式微。要想在众多广告中脱颖而出,必须变得"聪明",学会编辑优秀的文章,并巧妙地将广告内容融合进去,因此,软文写作技巧的学习尤为重要。

  教师点拨

分任务 1　认识软文

一、了解软文

1. 了解软文的概念

软文的定义有两种,一种是狭义的,另一种是广义的。

(1) 狭义软文。这是指企业花钱在报纸或杂志等宣传载体上刊登的纯文字性的广告。这种定义是早期的一种定义,也就是所谓的付费文字广告。

（2）广义软文。这是指企业通过策划，在报纸、杂志或网络等宣传载体上刊登的可以提升企业品牌形象和知名度，或可以促进企业销售的一些宣传性、阐释性文章，包括特定的新闻报道、深度文章、付费短文广告、案例分析等。

软文是由企业的市场策划人员或文案人员来负责撰写的"文字广告"，是指通过特定的概念诉求、以摆事实讲道理的方式使消费者走进企业设定的思维圈，以强有力的针对性心理攻击迅速实现产品销售的文字或图片模式。

与硬广告相比，软文之所以叫作软文，主要在于"软"字，好似绵里藏针，收而不露，克敌于无形。等到读者发现这是一篇软文的时候，已经掉入了精心设计的"软文广告"陷阱。软文追求的是一种春风化雨、润物无声的传播效果，如果说硬广告是外家拳的少林功夫，那么软文则是绵里藏针、以柔克刚的武当拳法，软硬兼施、内外兼修。软文营销可以算得上是最有力的营销手段。

例如在某篇广告软文里，读者首先会处在他们营造的美文里无法自拔，直到最后一刻才被无缝连接到广告中，如图3-1所示为读者对其软文的热门评论。

软文在当下备受推崇，第一个主要原因就是硬广告的效果下降、电视媒体的费用上涨；第二个主要原因就是媒体最初对软文的收费比硬广告要低得多，对于资金不雄厚的企业来说，软文的投入产出比较可观。

图3-1　某软文末尾评论区

2．认识软文的3种基本类型

软文的类型较多，在实际操作过程中，根据不同的产品、目的等选择不同类型的软文。软文大体上有三种基本类型：新闻型软文、行业型软文和用户型软文。

（1）新闻型软文。我国网民数量非常庞大，新闻已经在不知不觉中引导了网民的消费习惯。新闻型软文主要是以新闻报道为主，比如常说的新闻通稿、新闻报道、媒体访谈等。当企业发生重大事件，如有相关活动、新产品发布等情况时，都可以通过新闻的形式进行预热或者曝光，如图3-2所示。

图 3-2　新闻型软文

（2）行业型软文。行业型软文是面向行业内专业人群的。这种类型的软文主要目的是扩大企业的行业影响力，奠定企业在该行业的品牌地位。一家企业的行业地位直接影响到其核心竞争力，甚至会影响到最终用户的选择。行业型软文要想写好，就要花费一定的时间和精力，因为这类软文对编辑掌握行业内专业知识的要求是比较高的，要尽可能多地去针对性地搜集相关资料。行业型软文的表现形式有权威论证、观点交流、人物访谈、企业实录等。

（3）用户型软文。用户型软文（图 3-3）是面向最终的消费者或者产品用户的，也称为产品软文，其主要作用是增加产品在用户中的知名度与影响力，赢得用户的好感与信任，甚至可以引导用户产生消费行为。用户型软文的表现形式因产品的多样性而种类繁多，可以进一步细分为综合型、促销型、争议型、经验型、知识型、故事型、悬念型、娱乐型、总结归纳型、爆料型和情感型软文等。用户型软文是针对性最强的软文类型，运用最为广泛，也是本书的学习重点。

图 3-3　用户型软文

二、熟悉用户型软文的 5 种主要形式

用户型软文主要用来向用户推销产品，它的形式多样、千变万化，但是不管哪一种表现形式，最基本的原则只有一个：以用户需求为主，能够为用户提供价值。用户型软文主要有以下几种形式。

1. 经验型软文

经验型软文通常都是以《我是如何从 ×× 到 ×× 的》作题，又或者是比如某些亲身经验等，让人觉得这是一个励志的故事而禁不住点击去看。这种类型的软文通常有较强的说服力，如图3-4所示。

图3-4　经验型软文示例

2．故事型软文

故事型软文通过讲述一个完整的故事带出产品，使产品产生"光环效应"和"神秘性"，给消费者心理造成强暗示，促使其购买，例如"1.2亿买不走的秘方""神奇的植物胰岛素""印第安人的秘密"等。故事型软文，讲故事不是目的，故事背后的产品线索才是文章的关键。听故事是人类最古老的知识接受方式，往往也更容易吸引用户做进一步了解，如图3-5所示。

3．情感型软文

情感一直是广告的一个重要媒介，软文的情感表达信息传达量大、针对性强，更易让人"心灵相通"，如《老公，烟戒不了，洗洗肺吧》《女人，你的名字是天使》《写给那些战"痘"的青春》等。运用情感媒介的软文更容易打动人，更容易走进消费者的内心，如图3-6所示。

4．悬念型软文

悬念也可以叫设问式软文，核心是提出一个问题，然后围绕这个问题自问自答，例如《人类可以长生不老？》《什么使她重获新生？》《牛皮癣，真的可以治愈吗？》等，通过设问引起话题和关注是这种软文的优势。但是必须掌握火候，首先提出的问题要有吸引力，答案要符合常识，不能作茧自缚、漏洞百出。

图 3-5　故事型软文示例

图 3-6　情感型软文示例

5. 促销型软文

促销型软文常常在上述几种软文见效时跟进和激发消费者的需求，如《北京人抢购×××》《××× 在上海卖疯了》《一天断货三次，西单某厂家告急》等，通过攀比心理、影响力效应等多种因素来促使消费者产生购买欲，如图 3-7 所示。

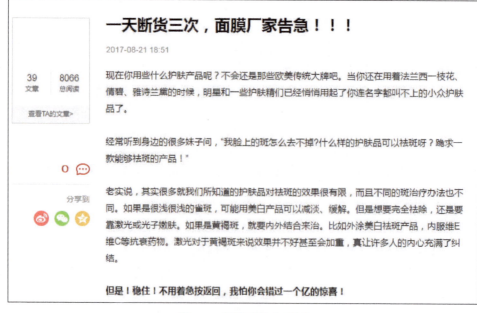

图 3-7　促销型软文示例

上述 5 类软文绝对不是孤立使用的，根据实际需要可以进行相应的组合运用。

分任务 2　掌握软文的写作技巧

掌握软文写作是网站内容编辑工作必须掌握的技能之一，一篇优秀的软文可以获得很多的效益。软文写作时要多看别人的文章，了解典型案例，分析文章中提出的一些观点或者方法，学习和借鉴他人的文笔、写作思路。同时还要多看行业新闻，及时了解重大事件，通过关注行业内的焦点新闻、事件，写出自己的感受和评论。

写好软文的关键还是要多实践，积累写作经验，这样的软文写出来才算得上是"干货"。另外，要站在消费者的角度出发，去发现、理解他们所想的、所需要的，才能真正地吸引住客户。当然，要想写好一篇软文，还需要掌握相应的软文写作技巧，通过技巧的学习可以快速入手，适应千变万化的写作题材。

一、掌握软文标题的 8 种写作技巧

一篇优秀软文首先要有一个好的标题。一个精心设计的标题往往会大大提高软文的吸引力，能够被人记住。软文的标题写作技巧有以下几点。

1．符号标题

一般来说，数字符号是非常形象的软文标题材料，因此软文写作者可以采用数字或符号等来使自己的标题更具吸引力，例如以下三个案例。

（1）数字：《5700 万巨量的变频蛋糕谁来切？》。

（2）标点：《一个青年个体户说："我们穷得只剩下钱了！"》。

（3）运算符号：《文凭≠水平》《海尔＋海信＝国际品牌》。

2．借力借势

对于中小企业来说，并没有雄厚的资金投入软文营销，因此就需要善于借力，比如借助政府的力、专家的力、社会潮流的力、新闻媒体的力，例如《世界规模最大奶牛基地落户内蒙古科尔沁草原》便是借力营销。

借势不同于借力，借力一般都有代价，而借势却是完全免费的，借势一般都是借助最新的热门事件，包括如奥运会、世界杯等大事件，如图 3-8 所示。

3．设置悬念

一般来说，悬念的设计主要包括以下几种：

（1）反常造成悬念：例如《90% 的人"不会"喝茶》。

（2）变化造成悬念：例如《传统对开门"过时了"？全球上演高端冰箱升级赛》。

（3）惊骇造成悬念：例如《武汉上演"蛇吞象"风波》。

（4）疑问造成悬念：例如《数码产品年年换，废旧电池谁人管？》。

图 3-8　借势型标题软文

4．亮眼标题

一个亮眼的标题，能在最短时间内吸引读者，如图 3-9 所示。报界有所谓"三步五秒"之说，就是指读者买报纸时，选择哪一种报纸，考虑的时间只在走动三步之间五秒之内。因此，软文写作者可以采用一些词汇吸引读者的目光，例如《新平板主义中国彩电最后轮盘赌》《×××东山再起，中国手机市场"三足鼎立"》等。

图 3-9　亮眼标题型标题软文

5．利用文化特点

软文写作者可以用诗歌、成语典故、古汉语、谚语、歇后语、口语、行业内专业术语、军事用语、外语和方言土语、人名地名、影视戏曲歌曲等特色词汇吸引读者，例如《×××叫板×××：同根不同命，相煎已太急》《房价下跌百姓只问不买　中介只求"非诚勿扰"》《五年成为"带头大哥"揭秘×××差异化经营之路》等。

6．利用修辞手法

用比喻、衬托、对偶等修辞方法，可以让标题更加有创意。

（1）比喻：例如《今年"秋老虎"好温柔》。

（2）拟人：例如《"双汇"掉泪了》《联想 X 平方急解高清之渴》。

7．巧用谐音

此类标题的特点在于：在切合新闻事实的前提下，巧妙地利用语音相同或相近而语义或相异的词语，使标题形成一种鲜明的对比，从而赋予标题深刻的内涵，例如《百分通联让 APP 开发者有"平"有"果"》《不要把集体婚礼变成集体分礼》《考核验收别成了"考喝宴收"》等。

8．选择、变化、对比

这种类型的标题设计展示的是一种趋势，主要包括以下三种。

（1）选择：例如《公关面临十字路口：向左走，向右走？》《风投资金进团购，该喜，该忧？》。

（2）变化：例如《×××不再强攻××市场》。

（3）对比：例如《×××VS×××：一在泥土，一在云端》。

上述 8 种标题写作技巧并非孤立存在，可以根据实际需要相互配合使用，以达到最吸引人的效果。

二、掌握软文内容的构思与注意事项

软文主要靠内容来表达商品效果，它起着介绍商品、树立商品的消费形象和推动消费者购买的作用。软文写作之中最重要的就是软文的内容了，一篇好的内容是吸引读者认真阅读的必要条件，也是传达作者理念和软文营销效果最大化的核心，直接决定了能否留住读者以及后续回访。

1．软文内容构思

对于软文内容的写作，首先要做的是构思，一般来说有以下三个方面要求。

（1）符合事实性。这是指朝着完全符合事实的方向构思。这种方法最容易，只要如实列明商品名称、规格、性能、价格、质量、特点、电话、地址等信息即可，这一点对于公司的产品推广最为重要。

（2）说服性。这是指按说服的方向构思。以消费者所能得到的利益为前提，说服消费者。说服的技巧有比较法、说明法和警告法等。

（3）感情性。这是指向感情方向构思，是故事型软文的主要方法。富有感情的词句能够打动消费者，使之产生购买欲望。字里行间充满感人的力量，进行感情性诉求，达到一种极佳的共鸣效果。

2. 软文写作注意事项

（1）简明易懂。这点最为重要，如果读者都看不懂软文内容，那这篇软文就等于白写了，这也是新手经常会遇到的问题。

（2）重点突出且生动形象。软文应有明确的主题，除了在标题中突出诉求的主题之外，还应该在正文中集中地表现主题。当然，如果要反映主题的不同方面，可以采取添加小标题的方式，分段叙述，使文章有条有理、脉络清晰、有趣动人。软文文字不仅要有概括性，而且还要有艺术性。软文的艺术性就是在软文的写作中，运用文学创作的手法，使广告的文字表达尽量做到生动、别致、贴切和形象，使广告富有趣味性，有人情味，这样才能使消费者感到亲切，乐于欣赏品味，从而增强记忆和联想。

（3）有号召力。有号召力的软文，语气措辞必须要礼貌，既要使人感到亲切，又要迎合消费者的心理，口气平和的广告往往易于被消费者接受。

（4）措辞得当。软文措辞要适当，不能让消费者阅读后引起戒心和怀疑，措辞也要简练，通俗易懂。另外，还要避免出现错别字或模棱两可的语句，以免消费者理解出错，造成不必要的损失。

三、掌握高转化软文的 4 种创作技巧

1. 细节描述

细节决定成败，这句话对于文案创作同样重要。模糊不清、抽象的信息很难让用户建立认知，更别提还要产生信任感。细节描述丰富的文案能帮助用户把内容具象化，产生画面感。

比如要说一个人懒，如果说："小明这个人非常懒。"你有什么感觉吗？这个人有多懒？不知道。

但如果这样说："小明这个人平时吃饭都是别人喂到嘴边才吃，东西掉地上腰都不肯弯一下，太懒了。"

这种描述是不是就不一样，这得多懒才会这样呀。这些细节的东西越多，就越能呈现画面感。就像电影里面刻画一个人物，对他的细节塑造越多，描述越聚焦，这个人的人物形象就会越清晰，观众认知也会越深刻。

还是举上面的例子，如果再增加一个细节：小明这个人平时吃饭都是别人喂到嘴边才吃，上次他钱包掉地上，犹豫了 3 分钟最后还是懒得捡。这里直接用的"3 分钟"而不是"几分钟"，同样是为了避免抽象模糊，直接给出具体细节，使其更加具有说服力。

所以说，在创作文案的时候，一定是要避免抽象模糊的东西，尽可能地展示细节，让整个描述是具象的。特别是产品类文案和故事类文案，细节描述一定不能少。

这里再列举一篇软文佳作《一颗葡萄的旅程》，这篇软文对细节描述做到了极致，具体内容如图 3-10 所示。

图 3-10 《一颗葡萄的旅程》软文案例

2. 场景打造

我们总说软文要唤起用户的记忆、引起用户共鸣、引爆用户情绪……这其实就是唤起用户内心深处的一个个场景。

毫无疑问，场景是具象的，是有画面的。它是在一个特定的时间、特定的空间内发生的一系列具体生活画面或情绪表达，让人印象深刻。它可能是你大学毕业时的一次聚会，可能是在大城市一次深夜想家的流泪，也可能是一次感人的生日会等。

场景化的软文，就是给用户制造一个场景联想，让用户能触景生情而关联到品牌或产品，从而传达出品牌定位或产品价值，并产生高转化。

例如网易云音乐发布的地贴广告，都是采用了典型的场景化文案，后续还有大批品牌跟进模仿。显然，从来没有一个时代的人这么注重"我"的感受和"我"的需求，可以说大家关注的内容都是与"我"相关的。所以在这样的背景下，用户在做出选择时，更多的是从自己出发，而被唤起的场景就是最与自己相关的，如图 3-11 所示。

图 3-11 网易云音乐地贴

3. 关联熟悉事物

人的大脑擅长关联记忆，也就是说更习惯于用固有的认知去解释和理解新事物，对于软文的理解也一样。比如说"水果"，听的人脑袋里面可能已经马上出现了几种水果形象。

对于一个陌生的事物或者知识点，大量的描述性语言让人很难理解，而利用对方已经理解的事物，再在这个事物上进行关联类比就容易多了。所以，让软文变得具象可视化，一个"绝招"就是利用用户已经理解的事物来引导他去认知未知事物。这个"绝招"被很多品牌乃至超级大品牌广泛使用。

比如第一代 iPhone 发布时，乔布斯没有直接说"智能手机"这个概念，而是先说"1个大屏 iPod+1 个手机 +1 个上网浏览器"。要知道，当时还没有智能手机这个概念，所以很难在人们脑海里产生清晰的认知，而乔布斯直接利用了人们已经熟知的几个概念，让人们快速地了解了 iPhone。

所以，在写作文案时，不妨想想自己要描述的东西与用户所熟知的东西有哪些关联，如何才能起到立竿见影的效果。

4. 多用动词和具体名词

在软文写作中多用动词和具体名词。动词是最容易让用户在脑海里产生画面感的，具体名词也能如此。少用形容词和抽象词，特别是那种笼统的形容词，比如："那个女生非常漂亮"，很难让读者产生具体画面。

换一种说法："那个女生长得超像×××明星，简直一个模子出来的。"这样相信用户的认知就清晰多了，画面也出来了。

总而言之，在进行软文创作的时候，尽量进行具体的、细节性的描述，多用动词及名词，避免使用笼统、抽象的词汇，并且要多进行针对场景化的描述，以唤起用户记忆联想，可以利用对方已有的认知来描述软文要介绍的事物。

分任务 3　软文写作实训

通过以上两个分任务的学习，我们对软文已经有了一个较清晰的认识，了解了软文标题、内容和写作注意事项，以下将学习如何创作出一篇软文。

一、学会软文标题确定的分析

以《上了哈佛才知道：真正优秀的人，都有这 3 个习惯》这篇软文为例（见图 3-12），它巧妙地运用了软文标题写作技巧中的符号标题、借力借势和亮眼标题三种，下面进行详细说明。

步骤 01：了解产品。

列举的产品是一款网络教学课程，名称为《哈佛学霸的超实用学习法》。该课程介绍了主讲人李拓远多年求学经历中测试过的最有效、面对任何学科都能轻松应对的高效学习法，如图3-13所示。

图3-12 软文标题示例　　　　　　　　图3-13 课程产品封面

步骤02：确定标题关键词。

李拓远先后就读于耶鲁大学和哈佛大学。哈佛大学作为世界著名学府，品牌知名度很高，各种与哈佛大学相关的学习方法也是层出不穷，文章以"哈佛"为关键词，运用了借力借势和亮眼标题两个技巧，可以说是很有吸引力。另外，课程包含了35期精致实用的音频课和100多个适合中国教育的学习技巧，内容较多，不宜全部搬到标题中，因此总结成"3个习惯"，这也是利用了符号标题中的数字标题手段，给读者直观的视觉冲击。

步骤03：形成完整标题。

文章的标题可以不是结构完整的句子，但是要巧妙地将关键词进行组合，以方便阅读并且不丧失吸引力。这篇软文的作者李拓远在哈佛大学商学院攻读硕士学位，有哈佛大学求学真实经历，因此可以表明自己"上了哈佛才知道"的真相，利用设置悬念的写作技巧，将"真相"隐藏在标题中，用"真正优秀的人，都有这3个习惯"替代，使读者在看到这个标题时，就有继续了解所谓的"3个习惯"到底是什么的冲动。

二、学会软文内容编写的分析

既然是一篇软文，就不能一上来就介绍产品到底有多么好，多么有用，而应该进行内容铺垫，然后巧妙地引导到产品本身，这样才使读者能够看完整篇软文，了解到产品的好处，也使软文具有强大的感染力。

步骤01：编写软文开头。

软文的开头尤为重要，其重要程度不亚于软文标题，在这里不放些"干货"内容，读者就会容易流失。如图3-14所示，这篇软文的开头亮明了身份，并介绍了自己的成就，最后以一句"然而，这并不是最让我骄傲的"承上启下、设置悬念，引出下文。

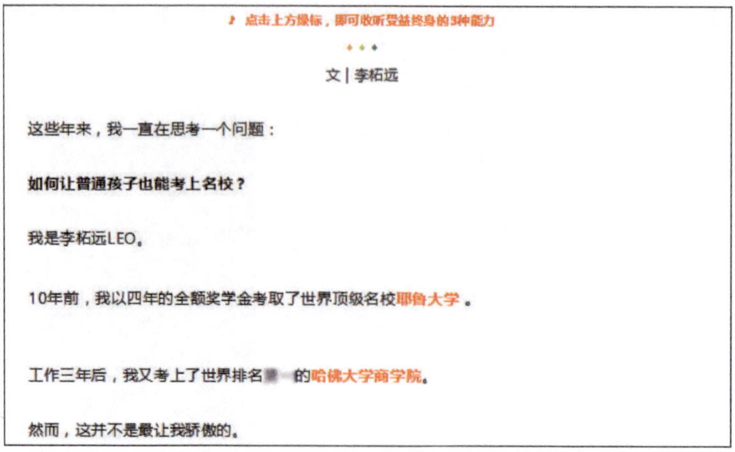

图 3-14　软文示例：软文开头

步骤02：软文主体内容编写。

案例中，由开头部分引出两个真实的故事，并介绍自己求学经历的详细过程，具有很强的说服力，如图3-15～图3-17所示。

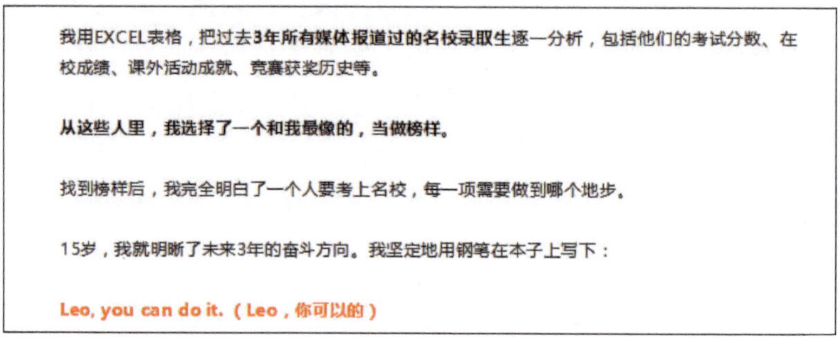

图 3-15　软文示例：详细介绍求学经历

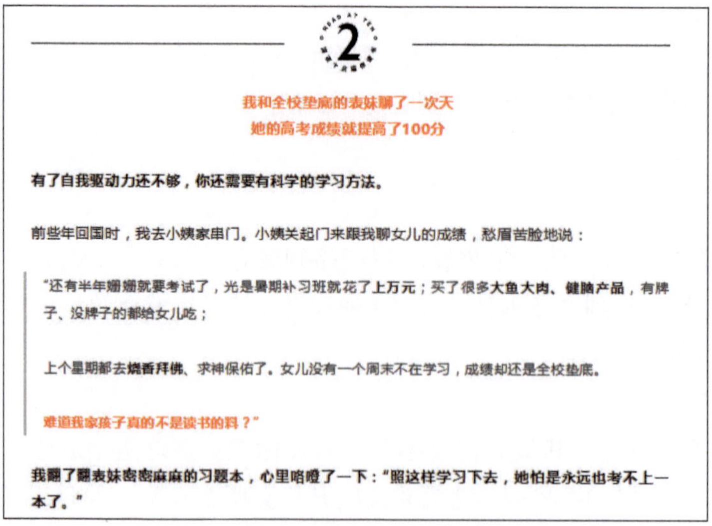

图 3-16　软文示例：真实故事1

图3-17 软文示例:真实故事2

步骤03:巧妙地引导到产品本身。

案例中,通过两个真实的故事表明自己所总结出来的学习技巧成效显著,紧接着开始介绍产品,如图3-18所示。

图3-18 软文示例:介绍产品1

案例中,在介绍产品的同时,也不忘打感情牌,通过介绍"母子相伴相扶"的家庭教育理念来打动消费者，如图 3-19 所示。

> 而且这次我也邀请到我的**妈妈给大家讲述家庭教育：**
>
> 我之所以能够从一个略带自卑的少年变成自信执着的追梦者，**最终考上哈佛和耶鲁，妈妈功不可没。**
>
> 这些年来，无论顺逆，都是我们母子相伴相扶。

图 3-19　软文示例：介绍产品 2

步骤 04：讲明产品购买方式。

软文写到这里已经算是接近成功了，最后还要为产品留下有效的购买方式或链接，以方便需要购买的读者进行后续操作，这点也是完成转化的至关重要的一步，来不得半点马虎，如图 3-20 所示。

图 3-20　软文示例：产品购买方式

三、软文创作实战

根据上述示例软文标题确定和内容编写的分析，结合本次任务所讲解的理论内容，请根据以下情境设置创作出一篇软文。

1. 产品详情

产品为英语学习平台 TutorABC。

TutorABC 是由美国硅谷技术团队研发创立的，凭借独家研发的 DCGS 动态课程系统，将遍布全球 80 多个国家、100 多座城市的外籍顾问与学习者精准匹配，并为学习者打造定制课程和教材，图 3-21 所示为其官网。TutorABC 是全球首个 24×7×365 全年无休的真人在线教育机构，拥有 20000 多位具有专业英语教学资格的外籍顾问。每年提供超过千万节在线教育课程，客户遍及全球 135 个国家和地区。

图 3-21　TutorABC 官网

TutorABC 的 DCGS 自适应课程体系，能够根据学员自身情况量身打造最适合的教学内容，保证学习质量。用户还可以在 PC 端、手机端、PAD 端等平台获得清晰、流畅的学习体验，真正做到利用碎片时间，随时随地学英语。

2．收集相关案例

通常故事型软文更容易吸引读者，因此尝试写第一篇软文的时候，可以先从讲故事着手，然后去收集相关案例。如下为相关案例。

（1）抗风险能力调查。前面的内容已经讲到，作为网络编辑要想写好软文，就应当时刻关注行业信息和热点资讯。比如某地储蓄结构数据显示：10% 的富裕家庭，储蓄金额占到全部储蓄金额的 70%。还有 35% 的小康家庭，储蓄金额占全部储蓄金额的 25%。另外还有 50% 的家庭，银行存款为零，如图 3-22 所示。

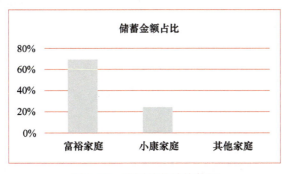

图 3-22　我国储蓄结构数据

没有存款，就意味着很难有抵御风险的能力，我们可以根据产品的特征将软文主题设定为：通过学习提高抗风险能力，而学习英语是不错的一种选择。另外，拟定软文标题为：某地 50% 家庭存款为零，抗风险能力堪忧。

（2）电影《当幸福来敲门》故事片段。电影《当幸福来敲门》的男主角克里斯是一个平庸的中年男性，干着差不多的工作，过着差不多的生活，但他不仅没有一点收获，还负债累累。他有自己的梦想，却未行动，只想着现世安稳。于是，丝毫不具备抗风险能力的他，很快见证了平静生活的土崩瓦解。因为负债，车子被拖走，房子被收回，妻子提出离婚，一夜之间，他只得带着儿子流落街头。

3. 软文示例

根据上述的解剖，可以创作出一篇软文如下：

×××地区50%家庭存款为零，抗风险能力堪忧

前不久，某地储蓄结构数据显示：10%的富裕家庭，储蓄金额占到全部储蓄金额的70%。还有35%的小康家庭，储蓄金额占全部储蓄金额的25%。另外还有50%的家庭，银行存款为零。

这个数据结果让人不寒而栗。没有存款，就意味着很难有抵御风险的能力，这是多么可怕的事。比如，父母生了重病，无法支付昂贵的医药费。如果背上了房贷，一家人就得节衣缩食，日子过得紧巴巴，经不起任何风浪。而有抗风险能力的人，工作不顺了可以轻松跳槽，心情不好了可以来一场说走就走的旅行，更不用为吃穿用度发愁。

所以，抗风险能力，是一个人的底层能力。

想了解自己的抗风险能力有多少，其实很简单。对于大多数人来说，收入大部分来自工资收入。想象一下，如果今天你失业了，在保证目前生活品质不下降的情况下，还能撑多久？相信无论是刚步入职场的年轻人，还是上有老下有小的中年人，都不敢想象自己会有这么一天。

我想起电影《当幸福来敲门》中，就讲述了这样一个故事：

男主角克里斯是一个平庸的中年男性，干着差不多的工作，过着差不多的生活。他的工作是销售医疗器械，每天疲于奔命，不仅没有一点收获，还负债累累。他有自己的梦想，却未行动，只想着现世安稳。于是，丝毫不具备抗风险能力的他很快见证了平静生活的土崩瓦解。因为负债，车子被拖走，房子被收回，妻子提出离婚，一夜之间，他只得带着儿子流落街头。

无论是电影，还是现实生活，我们都应该明白：没有永远稳定的工作，也没有一劳永逸的生活。只有广积粮，高筑墙，才能让自己拥有更多可能性，成为具备抗风险能力强的人。

那如何提升自己的抗风险能力呢？有人说：一个真正强大的人，碰到新事物，他们会说，这个很新鲜，很好，然后这里学一点，那里学一点。一个真正强大的人，一定不会放弃学习。因为他知道，新事物代替旧事物，本就是永恒不变的规律。与其担心被时代抛弃，不如紧跟时代步伐，提升自己的抗风险能力。

要想提高抗风险能力，就需要紧跟时代步伐，不放弃学习。

有的人通过学英语创办了培训公司，有的人则成为了知名翻译家。英语不仅是一门语言，还是为你打开广阔世界的钥匙。你可以去旅行、去结交各国的朋友，让自己的生命体验更加丰富。

对于普通人而言，没有随随便便的成功，英语却能给予我们更多逆袭的可能。很多人都知道英语的重要性，但却觉得学起来十分痛苦，一想到要背单词、记语法，就眼前一黑。

其实，学英语就像你当初学中文一样，不需要苦哈哈地背单词、记语法，你需要的是一个沉浸式的语言环境。

在众多英语学习平台中，向大家推荐 TutorABC。

TutorABC 由全球 20000+ 的具有专业英语教学资格的外籍顾问，组成强大的师资团，24 小时在线，给你纯英文的语言环境。它还具有独家专利 DCGS 自适应课程体系，能够根据学员自身情况量身打造最适合的教学内容，保证学习质量。

TutorABC 采用独家单向视频，意思就是你能看到老师，但是老师看不到你，100% 保护隐私，让你放下心理包袱，轻松开口说英语！TutorABC 最棒的一点是，你在 PC 端、手机端、PAD 端等平台都可以获得清晰、流畅的学习体验，真正做到利用碎片时间，随时随地学英语。

长按下方识别二维码

即可领取免费英语水平测试及英语体验课↓↓↓

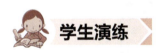

在以下 3 种产品中任选 1 种，根据学习到的软文创作方法，收集相关案例资料，创作一篇软文。

产品一：人人贷

如图 3-23 所示，人人贷成立于 2010 年，是友信金服旗下专业的网络借贷信息中介服务平台。人人贷是中国最早的网络借贷信息中介服务平台之一，10 年来坚持专业、严谨、自律、合规的发展理念，凭借自身的技术、风控实力以及专业的管理团队，一直走在行业前列。现在上人人贷，额度最高有二十万元，费率堪比朋友价。

产品二：视频课程《12 堂时间管理课》

《12 堂时间管理课》由时间管理导师 Amber 主讲，12 堂精制的视频课程提炼了 12 个最常见的生活和职场难题，为学习者带来导师多年经过实战，真人实景演绎，案例深度解析，通过有效学习，在以后面对任何压力都能轻松应对，如图 3-24 所示。

图 3-23 "人人贷"广告页面

图 3-24 "12 堂时间管理课"广告页面

产品三：别克汽车

别克是上汽通用汽车有限公司旗下三大汽车品牌之一，现有超过 15 款车型在售。别克汽车深受消费者的喜爱，从 1998 年到 2018 年，20 年时间，别克车主已突破 1000 万，如图 3-25 所示。

图 3-25 "别克千万车主"广告页面

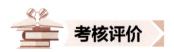

掌握软文的写作技巧考核评价表，见表 3-1。

表 3-1 掌握软文的写作技巧考核评价表

序号	评价内容	得分 / 分			综合得分 / 分
		自评	组评	师评	
1	标题吸睛，有吸引力				
2	正文内容简明易懂，重点突出且生动形象，有说服力				
3	产品能很好地融入软文中				
	合计				

项目3 掌握各种软文文案的写作技巧

任务2　掌握销售信的写作技巧

任务分析

美国克劳德·霍普金斯的吸尘器销售信和盖瑞·亥尔波特的徽章信，中国刘克亚的销售信以及华尔街日报的销售信，都是销售信领域的典型案例。销售信内容具有强大的营销力，影响深远，有的重新定义了一种产品，有的占领了一个行业，有的形成了一个产业，而有的创造了亿万美元的利润……但是写出一篇优秀的销售信并不容易，因此，我们要学习销售信的写作技巧。

情境引入

作为一名销售人员，仅仅通过口头推销难免效率低下。互联网是我们可以利用的强大工具。在互联网时代销售信可以将口头销售话术转化成文字，并能够在互联网上迅速大范围传播，给销售人员争取到更大的主动性。

本任务我们通过介绍销售信的概念和写作技巧，让学生认识销售信，了解销售信的写作技巧和如何撰写销售信。

教师点拨

分任务1　掌握销售信标题及正文的写作技巧

一、了解销售信的概念

销售信也叫营销信，就是专门为销售而创作的书信。换句话说，销售信就是将销售员的销售话术总结成文字，并送达到目标客户手中，让目标客户看到。

销售信其实就是具有一定说服力的广告文案，可以借助报纸、杂志、电子书、网站、电子邮件、信件等媒介来传播。

美国文案大师丹·肯尼迪在《终极销售信指南》中曾说，销售信就是一种纸上推销术。还有人说销售信是一套严谨的微型营销系统，是一种先进的思维模式，是解答客户疑问的完美答卷，是企业的营销资产和营销人的超级工具等。

总之，销售信的功能非常强大，如何使用以及对此的精通程度将决定销售信到底能发挥多大作用。

一封销售信，从整体上看，可以分为标题和正文两个模块。标题用来抓住用户的注意力，因为网络上传播，用户最开始看到的是标题，标题吸引力不够，正文内容写得再好也是徒劳。正文就是通过一步一步、一环扣一环地引导目标用户进入自己设定的营销圈里。

二、掌握销售信标题的写作技巧

关于标题，几乎每个人都知道这么一句话：标题是广告的广告。因此，在写销售信之前，最重要的是要构思一个好的标题。如何写好标题，学问很大，标题的字数是有限的，要用最少的字数组织成精练的语言，把核心的卖点表达出来。另外，如果一行标题无法充分表达核心卖点，可以设置副标题。下面介绍标题的一些写作技巧。

1. 包含四个功能

一个好的标题应该包含四个功能，即抓住注意力、筛选受众、传达完整的信息、吸引读者阅读正文。

抓住注意力和筛选受众是同步发生的，抓住注意力在于抓住受众的注意力。例如，你的用户是开淘宝店的，那么淘宝店主最在意的是什么呢？如何打爆款、刷单、直通车、钻展、干货等，这些是他们在意的。

所以在创作标题时，可以挑一个点来抓住注意力，也就是读者在意的内容，然后用文案优化，例如《鲜为人知的打爆款秘诀，让你获利翻10倍以上》。打爆款是淘宝店主需要的，那么用"鲜为人知"来描述打爆款的秘诀，用户的注意力就会被吸引过来了。因为"极少数人知道的秘诀"，勾起了他们的欲望和好奇心。标题同时筛选了听众，不做电商的不会关心打爆款这种事情。

2. 运用强势词主语

强势词语可以产生强势效果。公认的用在销售信标题中的两个最具价值的词是"免费"和"全新"，虽然"免费"不能经常被用到，但是"全新"是被经常用到的。

其他能够产生较好效果的词还有：如何做、现在、宣布、推出、就在这里、新品上市、一个重要决定、改进、惊人、感动、值得注意、令人吃惊的、神奇的或不可思议的、特价、抢购、简单、强有力、希望、挑战、建议、实情、对比、折扣、最后机会等。图3-26所示为运用强势词语的标题示例。

图 3-26　标题示例：运用强势词语

3. 套用通用标题

（1）利益型标题，例如：①免费体验；②快速成功；③稳赚不赔。

（2）解决方案型标题，例如：①快速而简单的_____（例如：快速而简单的销售策略让你的客户为你买单）；②傻瓜式的_____（例如：傻瓜式的操作让你收入翻番）；③_____立马见效（例如：××减肥产品加入最新技术，立马见效）；④如何_____最快最简单的方法是（例如：如何一次通过教师资格考试，最快最简单的方法是）。

（3）警告型标题，例如：①在你_____之前，首先_____（例如：在你刷单之前，首先要看看这封信）；②千万别买_____直到你已经_____（例如：千万别买某某课程，直到你已经看过这封信）；

（4）客户见证型标题，例如：①来自_____车主共同见证的_____（例如：来自千万车主共同见证的别克新生态）；②一个_____的人如何通过_____做到_____（例如：一个即将破产的人如何通过学习本课程做到起死回生利润翻番？）。

（5）解释为什么型标题，例如：①为什么你要购买定向标签课程的 7 个理由；② 28 个要命的原因。

（6）成交主张型的标题，例如：100 个篮球免费送，拿了不用还。

（7）问题型标题（较常用到的标题类型），例如：①为什么_____？你应该_____（例如：为什么你的业绩总是不能突破？你应该看看这封信）；②哪一个_____？（例如：哪一个瞬间让你觉得人生很艰难？）；③你的外貌正在让你如此的不受欢迎？④你还在为如何在互联网上轻松赚钱而发愁吗？

三、掌握销售信正文的写作技巧

1. 巧妙开头

进入正文之后，首先要做的是开头。

销售信的开头需要起到抓住目标用户的注意力、激发其兴趣的作用，而抓住注意力的重点是紧扣标题，也就是要迎合标题所讲的内容展开，不要让目标客户有种受骗的感觉，否则用户会跳失，也就是关闭你的文章。这里的开头并不是指第一句话，而是指开头的整个部分，当然最重要的还是第一句话。销售信的开头只有一个目的，那就是承上启下，让用户很自然地阅读第二段。同理，第二段的目的是让其继续阅读第三段，因此要合理撰写销售信内容，做好承上启下，使目标客户耐心读完全部内容。另外，开头要尽量简短，越短越容易阅读，最好不要超过三行。

例如：

亲爱的朋友，你好：如果你想在一个月之内快速引爆一个店铺单品并渴望在一年之内赚够 100 万的利润，让自己的人生来一次颠覆性的改变，那么你现在正在读的，将是你今生见过的、最激动人心的信件。

2. 设置小标题

一般来说，如果你打开网页或邮件，看到一封长信，会往下“拉”看看，这时，如果有小标题，就会先读小标题，所以小标题是非常重要的。因为销售信是一个整页的话，会占据整个屏幕，而每一屏都没有小标题，全是一段一段的文字，就会给人感觉内容没有重点很难阅读。图 3-27 所示为设置了小标题的销售信示例。

> **“为什么我那么努力还月薪1800，**
> **他们‘毫不费力’就能享受人生？”**
>
> 在变身“女超人”之前，我月薪只有1800，是一个低学历的底层员工。
>
> 24 岁的我为了自强自立，杜绝一切社交和娱乐，把加班当做家常便饭，这种状态持续了很久，直到我接触到旅游体验官这一职业。
>
> 他们看起来工作轻松，月薪却是我的10倍，而且每年还可以四处旅游。
>
> 了解到这种职业的一瞬间，**我就被动摇了。**

图 3-27　小标题的设置

一般读者的阅读习惯是先整体浏览，然后再回来细读，所以小标题就相当于一个快速阅读的“路标”。小标题还能起到保持用户注意力的作用，这就好像我们在阅读某一篇微信公众号推文，网购时查看商品详情页或浏览网页时，对标题的关注度往往高于正文其他内容。

另外，在网页编辑器等自定义程度较高的环境下，可以用给小标题加粗或者做其他特殊处理，使其更具吸引力。

3．适当使用过渡语

销售信在文案当中会有版块与版块、段落与段落之间的过渡，过渡得好，读者就能一口气往下读完，过渡不好，读者半路就会跳出销售信。有人把过渡语称为销售信的转换器，目的是把读者牵引到你的信中来。

过渡语最好是一个简单的句子或者只是一行字，就像一个"胶黏剂"，把上段文字内容和下段文字内容连在一起，所以必须杜绝长篇大论。过渡语要能激发对方往下读的兴趣，比如说："为什么我要这么做？有两个理由，一个是自私的，一个是无私的。"这句话很短，但是读者会产生强烈的好奇心，想要知道"究竟自私的理由和无私的理由各是什么？"自然而然会接着读下去。

经典的过渡语模板见表3-2。

表3-2　经典过渡语模板

过渡语模板	
1．看一些例子，你将发觉……	15．结果……
2．将这些添加到……	16．正如我曾经说的……
3．毕竟／而且／尽管……	17．正如我所说的……
4．你被我说对了吧？	18．继续阅读，我将告诉你关于……
5．正如我说的……	19．回到这封信的主题。
6．现在你可以……	20．正如你可能记得的……
7．这只是我们所为你准备的小部分。	21．更好的是……
8．当然了，这只是个开始……	22．但是，在我们讨论这些之前……
9．然而，并不仅仅是这些……	23．但更棒的是……
10．然而，这只是冰山一角……	24．但还有更好的……
11．那么如果我可以……会怎么样呢？	25．但请不要误解我……
12．当我们忙于……的时候……	26．结果……
13．还有／不管怎么样／无论如何……	27．可是，然而……
14．我们疯了吗？	28．这只是开端……

4．注意段落与断句

必须具备"可读性"。要使读者很轻松地阅读，否则就会失去读者。销售信的段落一般不要超过6行，否则让人失去了阅读的兴趣。一定要提供最轻松、最容易的阅读方式，不要让读者觉得累。

销售信的句子也不能太长，每一行都得有标点。不一定要按照中文语法去断句，只要符合说话习惯，句子没有歧义就行，这样更自然，使人读起来舒服。

5．巧用标点与留白

标点符号的使用也是有讲究的。比如双引号，是由两部分组成的，如果读者看到左引号,但没有看到右引号,那就会主动寻找另一半的引号。括号也一样,读者看了一半的括号,会想另一半在哪里?便也会急于寻找,在寻找的过程中,阅读不会停下来。同时,括号也有独特的作用,它可以用来表达"很重要、很关键的利益或价值"。

此外,整篇销售信中必须有足够的空间,行与行、字与字之间必须要留足够的空白。关于这一点,看看那些经典的销售信就理解留白的重要性了。这不仅适用于销售信,平常用于分享的文章同样也需要留白,现在的微信公众号文章常采用,如图3-28所示。

6. 调整字体与颜色

销售信中尽量避免同时使用多种字体。在主标题里可以用不同的字体,但在整封信中,整个正文不要使用不同的字体。因为使用同一种字体的时候,读者阅读起来是很顺畅的,但当一个新的字体出来的时候,读者需要经过大脑的转换,阅读"节奏"就被打断了。

标题和正文可以采用不同的颜色,但不要使用过多的颜色。通常情况下,销售信中用的颜色不超过3种。太多的颜色会让人眼花缭乱,五颜六色的字体颜色,再加上字号大小不一,那就会影响读者阅读,严重影响销售信的"可读性"。

上文主要讲述了销售信标题和正文的写作技巧,在实际写作过程中还需要"解剖"销售信所要推广的产品,这才是销售信的主体和灵魂所在。

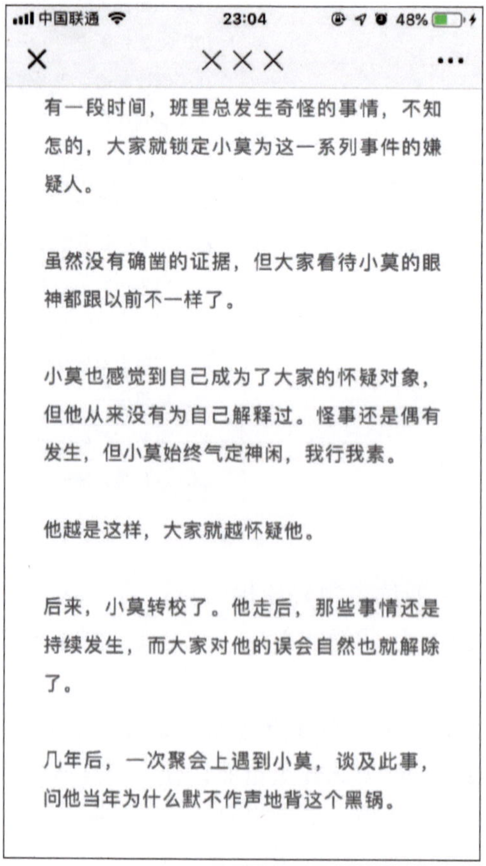

图3-28 留白

分任务 2 销售信写作实战

一、销售信写作策划

1. 产品分析

产品以《亿万富翁行销学》课程为例,主要针对中小企业管理人员,通过世界级的行销策略培训,帮助学员快速提升企业业绩。销售信目标用户为中小企业管理人员,受众较精准,不能像一般推销邮件一样"广撒网",因此,写信风格可以使用夸张手法,但也要符合真实性,不可脱离实际,可以寻找相关案例支持信中的观点,例如往期学员的自述等,最好配有视频资料以增强说服力。

2. 销售信标题策划

如前所述,销售信的标题可以有主标题、副标题和小标题。

步骤 01:设置主标题。

本例选择解决问题型标题,如《……实现20××年目标》,可以很直接地表明销售信的内容包含了帮助客户实现企业年度目标,当然最主要的还是利润目标。那么,应该如何实现年度目标呢?就是通过各种或某种手段帮助企业渡过现实难关,从而实现目标。可以使用"铲除障碍"这样的强势词,比"渡过难关"更具吸引力。另外,在标题上使用数字符号能给读者带来强烈的视觉冲击,如"100%""100 分""1 个亿"等,本例选用"100%"。综上思路,主标题设置为:《100%铲除障碍实现20××年目标!》,如图3-29所示。

> **100%铲除障碍实现20××年目标!**

图 3-29 主标题设置

步骤 02:设置副标题。

主标题确定好了后,如果标题并没有表达产品的任何信息,可能会让人觉得空洞无物,所以可以再加入副标题,描述产品信息。比如使用"世界级"这样的强势词,融入标题中,添加夸张成分。因此可以将副标题设置为:《如何运用世界级的行销策略爆炸式倍增你的利润???》,如图3-30所示。

> **如何运用世界级的行销策略爆炸式**
> **倍增你的利润???**

图 3-30 副标题设置

步骤 03：设置小标题。

使用小标题是为了让较大篇幅的销售信更有层次、更容易阅读。根据销售信内容另外设置的小标题，要契合标题后正文内容，可以多多使用强势词，如"强大有效""致命错误"等，这些词语具有强烈的效果，能够很好地吸引读者的注意力。

由此可见，本例主标题用"100% 铲除障碍"有效地抓住了读者的注意力，又通过副标题呈现出此销售信的产品为行销策略培训，介绍产品是针对企业管理者而筛选出读者，传达了完整的销售信息，吸引读者继续阅读，契合了上文所讲的"四个功能"。

3. 销售信正文策划

步骤 01：全文逻辑设置。

销售信前面一大部分以提问和设问形式，辅助夸张数据和词语不断造势，然后开始引出《亿万富翁行销学》这个产品，紧接着通过实例，也就是学员自述来支持前面所说的内容真实可信。销售信的后面部分就是对读者加油打气和承诺。

步骤 02：开头设置。

开头起到承上启下的作用，非常重要。使用一句话点名销售信的作用非常强大，不容小觑，吸引读者继续阅读。

步骤 03：过渡语设置。

销售信各处都可以使用过渡语，但不能滥用。过渡语如"接下来的几段话……""大多数企业的问题在于……""接着往下看，你肯定会感激我的！""试想一下……"等，这些都是常用的过渡语。

二、销售信全文示例

主标题：*100% 铲除障碍实现20××年目标！*
副标题：*如何运用世界级的行销策略爆炸式倍增你的利润？？？*
千万不要用固有的眼光来看待这封信函，因为现在这封信价值超过 100 万！

你正在寻求强大有效的方法应对眼前的压力和挑战？

我知道你非常忙，身边的工作堆积如山，需要处理的烦琐事使你的情绪变得很差！你知道吗？辛苦的工作并不会给人留下深刻印象，因为人们都非常注重结果！

接下来的这几段话，你一旦阅读，就会深受打动！为什么有人比你成功 10 倍、100 倍甚至 1000 倍？虽然你没有做错什么，但是你想不想知道他们做对了什么？

大多数企业的问题在于用错了情感：误入歧途的企业会爱上自己所赚的钱，平庸的企业会爱上自己的产品和服务，但是所有伟大的企业都会不停爱上他们的客户！！！你想彻底改变你的企业吗？请带着你的团队更深入地了解你的客户，更加充满感情地感受他们吧！

下面是 99% 的中小企业都会犯的一个致命的错误
（接着往下看，你肯定会感激我的！）

大部分人在做企业时都有一个想法：就是每次迈进一小步！这是很不幸的误解，而且还反映在他们的行动中，包括争取客户、增加销售、创造利润等，他们日复一日地奋斗，争取微小的利润，更糟的是有时只能孤军奋战，对抗全世界。我希望你不要理所当然地接受目前的状况，

你需要一个巨大的突破！

试想一下：你总不能老是跟在别人的屁股后面，同时又想着当老大，这在瞬息万变的今天是根本行不通的！相反地，你绝对可以通过提升你现有的水平来增加业务，创造财富！你可以更轻松、更快速、更安全地就能得到爆炸性的飞跃……（稍后我会告诉你他们是如何做到！）

成功的企业家都善于借用别人行之有效的方法，而失败者总是在摸索！现在我来告诉你，他们是如何做到的……

被誉为亚洲行销天才的×××老师，曾接受世界多位知名营销大师亲自辅导，帮助中小企业在零成本、零风险的前提下实现销售额和利润的快速倍增，是×××老师营销的强大特征，许多学员在其指导下，迅速取得惊人的业绩和突破，下面是一部分学员的自述（随信附赠的光盘展示更直观）……

2017年10月，我参加了×××老师的课程，通过两个月时间，运用风险逆转这个策略，在没有太大促销和优惠的情况下，销售额比10月份上涨了100%，大约增加了500万的业绩！我觉得×××老师的课一定可以帮助所有致力于零售行业的同仁们！

——许×林·南京×××地板超市

我参加过很多老师的课程，包括去国外参加一些潜能大师的课程，这些课程对我们来说，在激情方面有很大的提升。但学习完×××老师的课程，我觉得有更多的是策略上的提升。2017年3月份，我们把其中一条超级赠品策略进行运用，我们整体销售额比去年同期增长了600万，从我个人来讲，做了20年的营销，这堂课确实对我内心是一次巨大的冲击和突破！我觉得×××老师非常值得推荐！

——管×磊·珍奥×××集团

这只是其中很小很小的一部分案例，相信你会成为下一个奇迹！

受益者如此之多，其中必有道理！

你是不是经常跑到腿软？讲到口干舌燥？销售仍然陷入困境无法突破？那是因为单纯的自卖自夸的营销方式已经越来越不管用了！只有拥有无与伦比的销售影响力，才能创造突破性的成长！学习《亿万富翁行销学》帮助你激发客户的购买欲望，消除购买风险，杜绝购买拖延，释放你最大的营销动力，为你的事业装上喷射式引擎，享受火箭一样一飞冲天的快感！

课程预订链接……

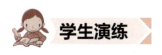

根据上述内容和案例，为《高情商沟通实践课：让你跟任何人都聊得来》这门课程写

一篇销售信。课程信息如下:

讲师介绍:×××老师,毕业于中国传媒大学,明星沟通咨询师,畅销书作家,曾是北京人民广播电台新闻主播、记者,拥有十多年语言训练经验,对职场规则、社会文化有深刻洞察,如图3-31所示。

图3-31 课程封面

课程介绍:课程包含12节基础篇、12节进阶篇、12节应用篇共36节。基础篇让你学会沟通,更好地发挥自己的潜能,让沟通成为你核心技能的能量放大器,帮你轻松向人推销你的观点和产品。进阶篇让你学会沟通,为你的情商加分,让你职场顺利,商场无敌,情场得意。应用篇破解12个典型问题,带你实战演练,一对一解答你的沟通困惑。

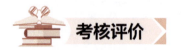

掌握销售信的写作技巧考核评价表,见表3-3。

表3-3 掌握销售信的写作技巧考核评价表

序号	评价内容	得分/分			综合得分/分
		自评	组评	师评	
1	主副标题能传达完整信息并吸引读者				
2	过渡语运用合理恰当				
3	正文逻辑清晰、合理、引人入胜				
	合计				

项目3 掌握各种软文文案的写作技巧

任务3　掌握公众号文案的写作技巧

任务分析

文案一词来源于广告业，是"广告文案"的简称，在现今生活的各个场景中，比如街边小摊小店、各类社交APP、购物网站、团购网站等，文案可谓无处不在。文案之所以随处可见，是因为文案具有很强的营销推广能力，其能量完全不亚于软文和销售信。同时，文案还具有短小精悍的特点，能够"一击即中"消费者的内心。

情境引入

对于普通大众来说，是深受文案的侵扰，而对于文案编辑来说，在遍地是文案的环境下生存可谓是水深火热。因此，作为一名文案编辑，想要生存下去，就必须学习文案的写作技巧，也只有不断地学习才能不断成长，最终脱颖而出。

本任务我们主要介绍公众号文案标题写作技巧、公众号文案正文逻辑以及公众号文案创作法则和写作技巧。选取典型案例进行讲解，让学生学习文案的写作技巧，并能够通过实战写出一篇文案。

教师点拨

分任务1　掌握公众号文案标题写作技巧

一、学会选题

作为一名文案编辑，在创作一篇文案时，最重要的一个环节就是选题。因为这个时代节奏很快，读者往往缺乏耐心，要是他对你的选题不感兴趣，内容即便写得灿烂如星河也无济于事，如果选题成功了，那么文案就已经成功了80%，接下来介绍如何选题。

1. 选题原则

(1) 选题与产品本身高度相关。图3-32所示,为某微信公众号为一个叫"女神派"的租借衣服APP所写的文案就是利用了这个选题原则。女神派APP的定位是服装穿搭,属于时尚领域,和该公众号的定位相符,属于同一个领域,所以他们选择高度相关"真人示范"选题。然后,正文内容选择真人测评(高度相关选题类型里的一种),让粉丝相信文章不是随便推荐的,有经过测试。最后,结尾部分正常过渡到女神派APP,这样一来,两者之间关联度就比较高了。

图3-32 女神派官网

(2) 运用神转折的方式选题。神转折在微信公众号发展早期比较常见,那个时候很多微信公众号还搞不清自己的定位,什么类型的文章都写,比如情感、鸡汤、职场。这样的公众号本身的属性不是很明确,如果接到了客户的广告,在产品和账号关联度不高的情况下,很多人就会选择去写带有神转折的文案。

一个鸡汤类型的公众号接到了某品牌牙膏广告。这两者之间好像没什么直接的关联,所以这个时候没办法直接写,只能用神转折的文案,强行将两者挂钩。

很多人认为神转折比较生硬,其实神转折只是前面写的正文和结尾产品的广告相关度比较低,但神转折文案有一个非常大的好处是:正文部分是粉丝爱看的,可能就会有很多粉丝分享给自己的朋友或者分享到朋友圈。所以这种文章有利于提高产品的曝光度,因为它的二次传播比较高。

(3) 利用"深度测评"选题。深度测评跟经验分享类似,是对产品各种性能、特点进行深度剖析,现在很多数码、汽车类的公众号就属于这种类型。这类文案,几乎从文章一开始就介绍产品,整篇文章都是广告,当然这种类型的选题是要满足产品与账号定位高度相关这个前提的。

深度测评类文案更适合定位比较明确的账号使用,比如深夜发嫂定位时尚、美妆,但此类文案也要把握好度,否则很容易引起粉丝反感。

2. 选题技巧

（1）看历史文章数据。看公众号下历史文章数据，找到阅读量和分享次数大的热门文章。

以微信公众号为例，通过公众号后台的"统计"模块查看用户增减、图文阅读来源、菜单点击、粉丝互动等数据分析报告。这里我们可以通过公众号后台的"首页"界面查看历史文章，找到文章阅读、回复和点赞数量相对较多的文章，记录该文章的标题和发布日期，然后去"统计"模块按文章发布日期进行用户、图文、消息等数据的分析。可以将分析数据以表格的形式下载下来，然后逐个分析，标出标题热门关键词，找出规律，如图3-33～图3-35所示。

图 3-33　微信公众号后台"首页"历史文章

图 3-34　在"统计"模块进行相关数据分析

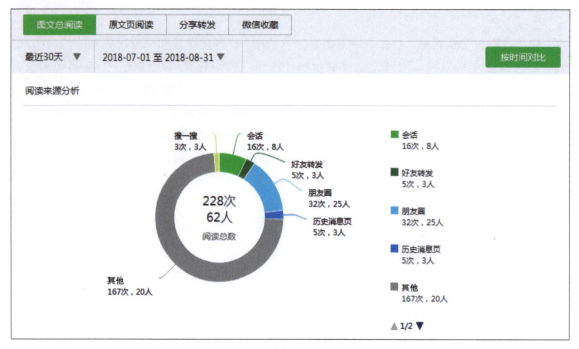

图 3-35　图文分析数据示例

微信公众号的运营主要是内容运营、粉丝运营、活动运营。内容运营看点击率、粉丝留存率。粉丝运营看后台消息数、菜单栏的点击量。活动运营看转化数据、留存数据。这些数据在后台均能找到，找出数据的平均值，心中就有数了。有些数据突然增长和暴跌，可分析当时的事件缘由，从而推断出粉丝喜好。图 3-36 所示为菜单栏点击量数据示意图。

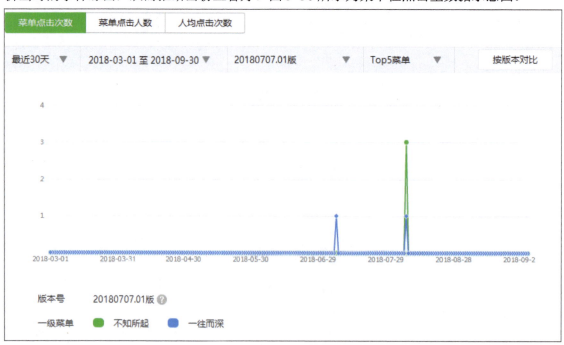

图 3-36　菜单栏点击数据

公众号内发布过的文章基本反映了其整体风格和调性，是文艺范还是段子手，或者呆萌风。当然也有可能运营这个号的不止一个人，每个人都有不同的风格，则可对比分析一下不同时期哪种风格的阅读量和转化率较高，根据整理且研究和分析，为选题找好方向。

（2）了解用户需求。了解用户需求，可以通过账号后台或文章下评论区与粉丝进行交流，还可以从知乎问答和百度知道等问答平台汇总需求信息。

在微信公众号留言区，那些主动和你互动的人一般都是真粉丝，他们或是咨询困惑或寻求合作，也或者主动向你提建议。你可以把自己当作客服，和这些真粉丝聊聊天，问他们都喜欢什么样的文章，还关注了其他什么公众号，有什么收获，对我们有什么建议，以便更真实全面地了解粉丝需求。

知乎问答和百度知道网站内容中，网友们所发出的疑问也可以作为用户痛点的参考，文章灵感与素材可以来这里寻找。痛点是指用户急需解决或最为关注的问题，如图3-37所示。

图3-37　知乎问答

除了上述所说的几个方法外，还有一种可以了解用户需求的方法，那就是查询百度指数。百度指数是百度出品的大数据分享平台，我们可以利用百度指数搜索相关的关键词，通过需求图谱、舆情洞察推测出用户对什么内容感兴趣，如图3-38所示。不过，百度指数通常比较适合在构建写作思路时提供宏观方面的指导。

（3）紧紧围绕社会热点。紧紧围绕社会热点，结合自身产品或服务做营销，俗称"贴热点"，借势做选题。

为什么要写热点？因为曝光量足够大，网络热点搜索的人足够多，只要内容紧靠热点话题，言之有物、角度新颖，被搜索到的概率将大幅提升，如果被各大网站转载，或被主流搜录引擎收录，这意味着巨大的流量和被关注度，意味着是对品牌直接的销量推动，知名度的直接提升。

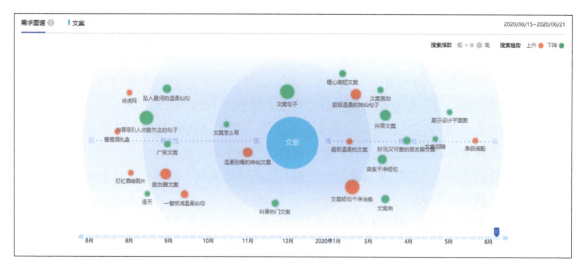

图 3-38　百度指数

那么我们应该到哪里找热点呢？很多大流量的平台、门户网站都可以搜索到热门信息，具体使用平台有如下几个：

1）百度搜索风云榜（http://top.baidu.com/），如图 3-39 所示。
2）新浪新闻中心—新闻排行（http://news.sina.com.cn/hotnews/）。
3）网易新闻—新闻排行榜（http://news.163.com/rank/）。
4）微博热搜榜（https://s.weibo.com/top/summary?cate=realtimehot）。

图 3-39　百度搜索风云榜网页

（4）了解同类公众号动态。多关注同类优质公众号、爆款大号，了解他们今天写了什么，阅读量如何，然后结合自身做选题。

一般一种行业的头部公众号就几个，对这些公众号进行内容选题分析，长期关注他们的文章，了解其发布的内容，不断学习借鉴，提炼要点，构建自己的写作框架。另外，朋友圈每次刷屏的爆款文案都值得收藏，研究其标题、选题和写作角度。

（5）围绕一个专题。围绕着一个专题或主题，像写一本书一样，写出一系列的文章，这就好像知乎里的一个专栏一样，这样就会有层出不穷的选题思路，不至于很快地就江郎才尽。例如，要撰写一本文案编辑的书籍，首先研读了大量的同类书籍，把它们的目录进行分析，制订出自己的书籍框架目录，然后按照目录的内容慢慢填充，在写的过程中，可以适当调整。图3-40所示为知乎某专栏作者的专栏文章。

图3-40　知乎专栏作者的专栏文章

二、掌握文案标题的写作技巧

标题是一篇文案的灵魂。一个好的标题，能够为这篇文案定下基调，渲染出感情，勾起人的阅读欲望。那么文案标题怎么写？其实文案标题跟软文和销售信的标题写作技巧有很多相似之处，在上一个分任务中我们已经介绍，这里不再详述。以下我们介绍另一种标题写作技巧，这也是被业界奉为秘诀的技巧，那就是：写出100个标题。

好标题是字斟句酌推敲出来的，不是一蹴而就的。当你只写出了10个标题，那么这里面很可能没有好标题供你挑选。但如果你写出了100个标题，那么这里面藏着好标题的概率就非常大了。这个道理跟广泛撒网、重点打捞是一样的。

要写出100个标题并没有那么容易，我们一般可以通过以下三个步骤来完成。

1. 找出创意概念

一则广告文案的所有创意都是从创意概念出发的。创意概念是具有新颖性和创造性的想法，是对文案主题的注释。

图 3-41 所示为万科棠樾房地产广告的系列文案，创意概念就是"回家"。

图 3-41　万科棠樾广告文案

2. 构思写作角度

当创意概念明确后，接下来就是去找到写作标题的角度，所谓角度，就是创意概念在某一方面的延伸。从创意概念出发，可以找到几十甚至上百个角度，同样每个角度都可以写出几十个标题。这就好像创意概念是圆心，那么角度就是圆周上密密麻麻的点。

我们平常见到的很多广告，往往都是从一个写作角度入手，创作出一系列文案或讲述一系列故事。图 3-42 所示蚂蚁金服的《背影》系列文案，就是围绕"认真"这个概念，讲述了代驾司机、销售员、退休工人、养蜂人、面馆老板娘、盲人按摩师、资深驴友、列车调度员的故事。

图 3-42　蚂蚁金服《背影》文案

3. 运用标题技巧

写作角度有了，接下来就是文字功夫，运用各种技巧把能想到的标题都写出来。关于这方面的技巧在上述内容中已经介绍，下面简单列举其他几种较常用的技巧。

（1）巧用类比。类比就是借助对类似事物的特征刻画来突出本体事物特征。

类比这种方法非常神奇，能让人快速明白你想说什么，而且还能对你的文案产生熟悉感和趣味感。下面几则文案就是巧妙地运用了类比技巧：松下电器"静得让您耳根清净"，中华豆腐"慈母心，豆腐心"，中华汽车"世界上最重要的一部车是爸爸的肩膀"。

（2）制造对比。这里的对比跟类比不一样，对比是把两种相应的事物对照比较，比如冷与热、明与暗、动与静的对比。有对比才有突出，才能刺激人的感受，引起人的重视。

制造对比，在文案中的运用主要有之前和之后的对比。步步高点读机的文案"妈妈再也不用担心我的学习了"。还有一种是和竞争对手的对比，例如老罗英语培训的文案"选择我们，效果硬朗一些"，如图 3-43 所示。

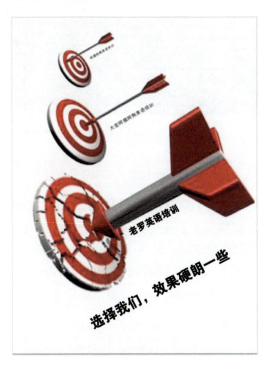

图 3-43　老罗英语培训广告文案

（3）讲述故事。人人都爱听故事，讲述故事的文案具有较强的吸引力。很多文案人都喜欢在文案里讲故事，而且大多是讲故事的高手。

一则文案标题本身就是故事的浓缩版，通过故事情节的转折，勾起人的好奇心和阅读欲望。典型的文案标题有长城葡萄酒的系列文案标题，如《太阳有两个，一个是给别处的，一个是我们的》，如图 3-44 所示。

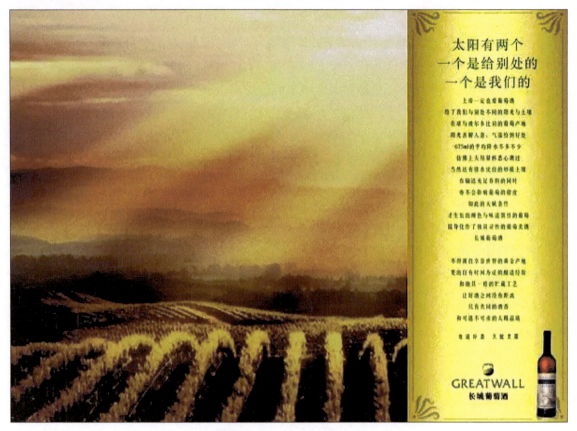

图 3-44　长城葡萄酒文案

分任务 2　掌握公众号文案正文逻辑的 5 个方面

任何事物都是有规律的，找到了规律，也就找到了背后的逻辑和原理。文案也是一样的，要想写好一篇公众号文案，就要深入了解文案背后的逻辑，逻辑理顺，便能从各个维度提取关键素材，按着合理的逻辑写出好文案，而不是四处寻找灵感。

那么文案的逻辑是什么呢？文案的逻辑就是从推广计划开始，分析受众，了解产品的卖点和痛点，然后了解不同渠道上受众的阅读习惯，最后才到文案本身。

一、确定文案推广计划

文案的目标需要根据推广计划而定，比如做一套 SEM 文案。实操中需要对计划中的每一步进行分解，明确文案每一个环节目的，这样目标清晰，文案写作更精准。

例如，当用户对产品一无所知时，那么文案的目标应该是：让用户了解产品并产生兴趣；当用户已对产品有认知，那文案的目标应该为：突出产品的核心功能与卖点，引导购买，促进转化。

二、确定文案受众

文案的受众到底是谁？谁会看到我们的文案？我们的产品能为他们解决什么问题？他

们看到文案时的反应是怎样的？这些都是下笔撰写文案之前首先应该思考的问题。

试想一下，菜市场本地水果和国外进口水果，文案针对的人群是完全不一样的。

家庭主妇是菜市场苹果的受众人群，她们对于价格的敏感程度比对美观的敏感程度高多了，比如看到"10元2斤"眼睛会放光，但是对"精美包装"却不感冒，因为关心的核心是价格，实惠第一。

三、从产品中挖掘卖点

产品是文案写作素材的来源之一，文案的本质是为产品代言。文案要从产品素材中挖掘出和消费者痛点相对应的卖点，即产品能够满足受众什么心理？给他们带来什么实际利益？哪个属性可以帮助他解决问题？

例如磨砂膏这款产品，对其进行分析，见表3-4。

表3-4 磨砂膏产品分析

卖点	解决的问题	文案示例
深层清洁	沐浴露无法洗干净死皮和深层污垢	深入毛孔，"扫"出污垢，给身体来一次"大扫除"
天然	身体护理用品人工化学成分太多	植物原液基底，更易吸收，与肌肤浑然一体
柔软	有的磨砂膏颗粒粗糙	不痛不花皮，温柔待你

四、分析营销渠道

营销渠道上的受众符合哪种阅读习惯？有效阅读时间是多少？不同渠道的广告所展现形式不一样，文案的目的和写法自然不同。

网络营销的广告形式唯一目的是让受众采取行动，比如点击链接、咨询、打电话等。广告的文字和图片需要尽量简明扼要，在短时间之内抓住读者眼球，并留下印象。文案要根据不同渠道的有效阅读时间、人群特性、阅读习惯等因素来确定写作的目的以及要点，见表3-5。

表3-5 渠道及有效阅读

渠道	有效阅读时间	目的	时间分析写作要点
百度推广	1～5秒	标题和搜索内容相关	吸引点击
微信朋友圈	1～3秒	引导点击	风格符合朋友圈气质，引导二次传播
微博	1～3秒	引导点击链接	简明扼要，有点击和转发等利益点

五、进行文案创作

通过以上内容的梳理，明确文案背后的逻辑，就可以摆脱多种选题方向的困扰，接下来就是进行文案创作了。

分任务 3　公众号文案创作实训

一、熟悉公众号文案创作的 5 个法则

1. 记述 + 评价 + 规范法则

记述是指用文字记录事实信息，不包含判断好坏的信息；评价是对好坏进行判断；规范是指表现出事物应有的状态或人应采取的行动，如提案、建议等。

以首席内容官实验室为例，记述：首席内容官实验室有 9 名大咖讲师；评价：首席内容官实验室很厉害；规范：想学内容营销，就去首席内容官实验室。把三部分结合起来就是：首席内容官实验室有 9 名大咖老师，是很强的内容营销社群，如果要学内容营销必须去。

2. 数字说话 + 结果展示法则

以乐歌计算机显示器支架文案为例，卖点是：节省空间。

错误文案：用乐歌显示器支架，桌面极致宽敞。到底宽敞多少呢？消费者并不知道。

正确的文案应该告诉消费者具体数据，而且说明省下来的空间有什么好处，例如，只需 1/3 底座空间，让绿植和书在桌面安家，如图 3-45 所示。

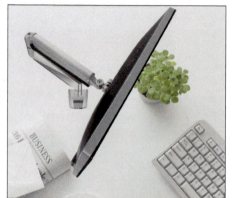

图 3-45　乐歌计算机显示器支架

3. FAB 法则

FAB 法则即：属性 + 作用 + 好处。

属性（Feature）：你的产品有什么属性？

作用（Advantage）：这个属性有什么作用？

好处（Benefit）：这个作用对消费者有什么好处？

产品的信息分两种，一种是与我有关，另一种是与我无关。因此在写作文案的时候要强调对消费者的好处，要将所有的“与我无关”都变成“与我有关”。

以小米手机为例：

属性：小米手机 4 采用高通骁龙 801 处理器，看起来“与我无关”。

作用：手机运行更快了，好像关系也不大。

好处：你玩游戏、看视频时手机就不卡了，这就“与我有关”了。

4. 九宫格列举法法则

九宫格列举法就是把要介绍的主体放在中间，周围尽可能去写它的优势。比如把首席内容官实验室放在中间，写出它的各种优势，然后再对这些优势展开进行论述，如图 3-46 所示。

9名大咖	课后作业	游学
社群化	首席内容官实验室	学员分享
免费	内容营销趋势	学员都是精英

图 3-46　九宫格列举法

5．思维导图扯关系法则

就是利用思维导图从一个点发散出去，找出两个元素之间的关系。

二、掌握高转化文案写作的 8 个技巧

1．实话实说

要写出一篇高转化的文案，首先要实话实说。我们既要把产品好的一面写出来，也要把产品相对差的一面真实地还原出来，不过要使用中立、客观的语言进行描述。使用中立的评价，粉丝会觉得可信度非常高。

某公众号发布的一篇针对含硅护肤精华软文是这样写的："这款产品是含有硅的，上脸假滑感很强，我是能够接受这种假滑感，但如果你很反感这种假滑感的话，那我就建议你不要买。"这样的实话实说会让粉丝觉得更加亲切，不会有被骗的感觉，如图 3-47 所示。

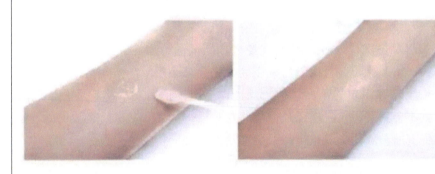

图 3-47　产品推介软文

2．强化亮点

一般推广某一件产品时都会有一大堆资料。这么多信息，哪些才是粉丝爱看的呢？所以我们要分析这些资料，把粉丝感兴趣的内容提取出来。首先要分析产品的长处和短板在哪里，有时候长处会有很多，那么就要根据受众群体的需求，提取出一个长处视为"亮点"，然后对这个亮点进行全方位的描述，也就是强化这个亮点。

某公众号和某品牌香水联合推出的橙花香水礼盒就是看中了这款香水的外观特别好看这一长处，然后他们又抓住了女性粉丝对高颜值产品的热衷这个特点，在文案和产品设计、包装等环节上对这个亮点不断强化，最终产品大卖，如图3-48所示。

图3-48 橙花香水礼盒

3．巧用第一人称

在写一个推广型文案的时候，其实就是把产品推销给粉丝。换个角度想，如果有一个人强行向你推销一款产品，并且语气特别生硬，你会怎么想？当然是马上离开。

所以，我们要站在用户的角度，把粉丝当作朋友，把写文章想象成和自己的朋友对话那样，广告语就不会生硬。当我们越是像与朋友对话一样去写文章时，我们的粉丝就会越感到轻松，会感受到朋友般的交流氛围，会更容易接受我们传递的信息。

4．多使用生活场景

多使用生活场景对于文案写作来说非常重要。如果某个人在一篇文案中说他用过这个产品，你信不信？相信大部分人是不信的，因为知道他在宣传产品，戒备心比较高，很难相信他所说的话。这时，我们可以试试在文案中多使用生活场景这个方式。

以一篇面霜测评文案为例，如图3-49所示。测评文案就写道：小编也真实在用这款产品，由于保湿效果很好，所以在出差的时候一定会把它带上，不然在飞机上的时候脸就会干燥起皮。在文案里写出自己最真实的感受，这样一来，粉丝就会更愿意相信我们，觉得我们真的有在使用这款产品。同时，整篇文案也没有那么空洞，不像自说自话，有事实佐证。

5．增加细节描述

当你泛泛而谈一个东西的时候，其实很多人会质疑你，觉得你是不是没说实话？这东西是不是你自己都没用过，凭空想象的？因此，细节描述的越详细越有说服力。

例如，某篇测评某品牌紫米精华的文案中写道：××品牌紫米精华瓶身的滴管设计能精确控制每次的用量，精华液偏紫色，质地比较黏稠，不过上脸抹开后吸收很快，不会粘手，这点可以说是该品牌精华的特色了。这样的描述很详细，给人的感觉就是笔者真实测试过这款产品，并不是随意编造的。

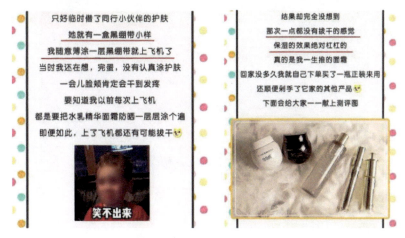

图 3-49　公众号推文示例

6. 善用表情包

现在绝大多数年轻人在聊天时都会使用表情包，表情包能让我们通过幽默的方式表达特定的情绪。如果文案中出现表情包，粉丝可能就会觉得"哎呀，这个表情好搞笑，这篇文章挺有意思"。所以，对于不那么严肃的推广文案来说，可以适当地多使用表情包。

7. 善用明星效应

利用明星效应是增加商品权威性的一个技巧。

例如，想要推广与某品牌合作的联名礼盒，但是该品牌进入市场的时间比较短，没啥名气，很多的粉丝并不知道，所以在文案中就告诉粉丝：的确很多人不知道这个牌子，但是明星×××在婚礼上把该品牌的香氛产品作为伴手礼。这样给粉丝的感觉就是这个品牌也不是完全没有听过或者小有名气了。

8. 图片要精美

图片是文案非常核心的一个部分，所以图片要精美。每个人的判断标准不太一样，因此首先要使用清晰的图片，在清晰的基础上，再保证这张图片要非常好看。那非常的好看的标准是什么呢？就是看到这张图片，要有购买的欲望，要想长按保存。

三、文案写作实训

1. 产品详情

产品为一道菜，名为滋补蒸鸡，产品展示在团购平台。产品选用生态活鸡，以原味干蒸的方式加入滋补药膳烹制，肉嫩汁肥、甘美醇厚、溜滑口感，具有温中益气、补精填髓之功效，如图 3-50 所示。

图 3-50 滋补蒸鸡

2. 文案写作分析

步骤 01：选题方向。

根据这款产品的特点，文案的内容是要吸引更多用户通过团购平台下订单或者到店使用，因此可以选择深度测评这个选题方向，详细向用户介绍滋补蒸鸡到底有多么吸引人。

步骤 02：文案标题设置。

选择深度测评这个方向进行文案写作，以"鲜嫩多汁"为特色进行描述，运用感官感觉和类比的方法，设置文案标题为：《让你的耳朵听到鸡汁四射的声音》。需要注意的是，在团购平台上发布推广文案，不一定需要设置标题。

步骤 03：推广计划分析。

产品主要在团购平台展示，因此可以在团购平台上使用精美的商品主图，引导用户点击进入商家，然后在商品详情和餐厅详情等位置放置文案，吸引用户下单。

步骤 04：受众分析。

产品受众主要是团购平台用户，上班族为主，对餐饮的质量和口味的要求比较高，因此需要针对这两点进行详细描绘。

步骤 05：产品特征分析。

从个人口味的角度出发，详细分析产品的特色，如"鲜香扑鼻""晶莹发亮""鸡汁四射"等，并且在量上能够保证吃饱，获得满足感。

步骤 06：文案创作要点分析。

文案在创作的时候要遵循前文提到的 5 种文案创作法则，可以综合运用 8 种高转化文案写作技巧中的任意一种或几种。比如以第一人称的形式向用户传达自己品尝后的感觉，实话实说，对细节的描述做到极致，突出蒸鸡每一口都"鲜嫩多汁"这个重要特色，形成一篇完整的文案。

3. 文案正文示例

那是我尝过最美味的食物之一，如果你有幸买到它，你会发现——整个蒸鸡有一个小西瓜那么大，用精致光亮的锡纸包裹着。打开锡纸，一只完整的金灿灿的蒸鸡映入眼帘，一股香气向上飘起，你会闻到热鸡肉鲜香的味道，没有防备，你的口水已经悄悄流下。

你戴上2只手套掰下鸡腿，刚出炉的鸡腿有点烫手，你下意识地对它吹了口气。鸡皮渗着汁水晶莹发亮，咬了一口，鲜嫩的鸡肉终于进入你的口腔，你尝到鸡肉和盐混合的鲜美，还尝到枸杞的酸甜和一点当归的药香味。你以前可能吃过干涩难嚼的鸡肉，这次不同，你发现这整只鸡都充满了汁水，每一口都滑溜顺口，毫无阻力，大快朵颐的时候，耳朵里好像能听到鸡汁四射的声音。

附赠了一包辣椒面——那是绝对的人！间！美！味！倒在小碟里，变成一座红色碎末小山丘，拿一块鸡肉沾一下，再放进你的嘴里，那一秒，辣椒面的咸辣味、茴香味、孜然味和鸡肉味在口腔里一齐"炸开"，惊艳到你身体为之一颤，你发现自己莫名其妙嘴角上扬，忍不住微笑起来！

不到15分钟，整只鸡已经被你消灭干净，你会感觉有点撑，却意犹未尽。看到锡纸上残留着鸡汤汁，你毫不犹豫地往嘴里倒，温热的汤汁从喉咙流到胃里，温暖全身。

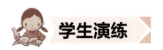

根据上述内容和案例，为华为P40这款手机写一篇公众号文案，字数不限，可以精简成几句话。

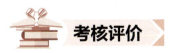

掌握公众号文案的写作技巧考核评价表，见表3-6。

表3-6 掌握公众号文案的写作技巧考核评价表

序号	评价内容	得分/分			综合得分/分
		自评	组评	师评	
1	公众号文案选题方向合理				
2	公众号文案标题新颖有创意				
3	产品特征和受众分析到位				
4	公众号文案正文产品描述到位				
	合计				

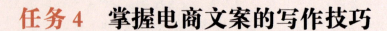

任务 4　掌握电商文案的写作技巧

互联网的快速发展推动着电子商务不断进步，在这一进程中，电商文案也应运而生，并逐渐发展成为一个新兴的领域。电商文案基于电子商务的广阔平台，在继承传统文案特点的基础上，展现出自己的特点。

随着社会经济的发展，文案的含义由原本放书的桌子变成新闻广告行业从事文字工作的岗位，如今又新增了其电子商务的内涵，增加了电商文案这个职位。但凡是做电商的企业，总是需要电商文案的，其人才需求量大。

本任务我们以小米 MIX 3 手机为例，详细介绍电商文案以及主图、海报、详情页文案的制作，通过演示让学生学习电商文案的制作技巧。

分任务 1　认识电商文案

一、了解电商文案

电商文案，即电子商务文案，是指那些服务于淘宝、天猫、京东等电商平台，以商业为目的的文案，其文案是为产品服务的，不一定是要意境深远，但必须包含产品，体现产品的卖点，打动消费者并促使其购买。图 3-51 所示为小米 MIX 3 手机的电商文案。

电商文案不同于传统文案。传统文案是通过报纸、杂志、书籍和邮寄广告等方式进行广告信息内容表现的，具有一定的局限性。而电商文案则拥有更丰富的表现形式和传播途径，不仅可以通过网店传播，还可以通过博客、微博、微信、论坛、电子邮件等方式传播。

图 3-51　小米 MIX 3 电商文案

二、了解电商文案的分类

电商文案的类型有很多，根据应用场景的不同可以分为主图文案、海报文案、详情页文案、横幅广告文案、电商品牌文案、网络推广文案等，其中最主要的还是主图文案、海报文案和详情页文案。值得一提的是，这些不同类型的文案可以组合使用，并不是各自独立出现的。

分任务 2　掌握电商主图文案写作技巧

主图文案，顾名思义，就是添加在商品主图上面的文案，包括具体的文字内容、图片和版式等，如图 3-52 所示。商品主图是在自然搜索情况下首先展示给消费者的内容，其重要性不言而喻，当主图不具备吸引力的时候，几乎不会带来点击量。另外，电商平台还会把商品推送到其他平台上进行展示，为了将流量引导到商品上，需要在主图的设计上狠下功夫。

图 3-52　天猫平台商品主图文案示例

一、了解主图文案制作的 3 个要点

通常一个好的文案在制作的时候要注意以下三个要点。

1. 明确目标

首先是要明确目标，也就是这张主图是想要向消费者传递什么信息，想要达到什么目的。每张主图的制作目的都不尽相同，例如图 3-52 中的第一张搜索主图需要在保证和整店视觉相差不大的情况下，尽可能提高点击率，而另外的四张主图的目的则是要提升转化率，需要从不同的细节、角度、特点去构思。

2. 紧抓需求

有些主图显得很高大上，甚至写一些看不懂的外文，这样的主图文案其实没有多大用处。主图文案要紧抓消费者的需求，即首先要知道你的目标客户想看什么，也就是要先进行客户定位。如果目标客户定位是中低端客户群，那么就要突出性价比，因为此类群体更关注的是商品价格实惠商品质量又还不错。如果定位是高端客户群，那么就要注意在文案中突出商品的品质和感觉。

3. 精练表达

主图的版面有限，不允许写太多文字，因此要精练文字及表达形式。

二、掌握主图文案制作的 6 个技巧

1. 巧用数字

人们对数字是很敏感的，运用数字可以让产品卖点更加具体、直观和有说服力，更能够吸引人。乔布斯在推销 iPod 的时候就用了"把 1000 首歌装进口袋里"这样的广告语。这样的例子有很多，如图 3-53 所示两个产品主图文案内容。

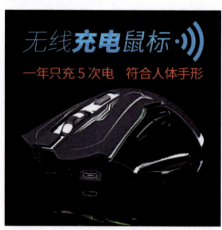

图 3-53　LIM'S 速溶咖啡和冰狐无线鼠标主图示例

2. 善用比喻

与其在主图上放陌生的专业词汇或不知所云的形容词让消费者一头雾水，倒不如用一个通俗易懂、精准的比喻让他们恍然大悟。比喻可以将产品卖点化抽象为具体，让其更显清楚明白，使人容易接受，其实质是降低与消费者的沟通成本。一般可以从产品的大小、形状、轻薄等方面切入做比喻。图 3-54 所示这款手机壳就将其轻薄的特性比喻成像纸一样薄。

3. 抓住痛点

抓住痛点是指深入了解用户的需求，直击他们对于商品所迫切需要解决的问题。首先需要清楚所定位的目标用户，然后根据用户需求凝练出痛点，形成文案标注在主图上。图 3-55 所示，卖家就是了解到目标用户对苹果等水果有"新鲜"的需求，所以在主图右上角大字标注"当天采摘"，然后又用"甜脆多汁"对苹果的口感进行描述，吸引了他们的注意。

图 3-54　手机壳主图示例

图 3-55　苹果等水果主图示例

4. 罗列卖点

罗列卖点就是将商品的一系列卖点列举出来。它的好处是："有杀错没放过"，总有一个会中消费者下怀，但是文字要尽量精练，不能占据主图的大部分区域，如图 3-56 所示的两个产品主图。

图 3-56　魅族和华为主图示例

5. 利益诱惑

利益诱惑就是利用消费者追求实惠的心理，在主图上标明优惠内容信息，例如送赠品、限时抢购、满减策略、早买早优惠等，激发消费者购买。图3-57所示的两个产品主图就是运用多种方式对消费者进行利益诱惑。

图 3-57　vivo 和魅族主图示例

6. 标明其他附加服务

在产品性能、质量水平相差无几的情况下，就要拼服务了。人人都怕麻烦，能省事就尽量省事，因此消费者一般会要求有一站式服务，即进入你家的店铺消费时就能把所有的后续问题解决，不用再东奔西跑。

如图3-58所示这款窗帘主图，左图不如右图点击率高，右图标明了免费上门、测量、带样、设计、包安装，再加上地域、电话，还有折扣，消费者想要的一站式服务几乎都涵盖了。

图 3-58　窗帘产品主图示例

三、主图文案制作实训

下面我们以小米 MIX 3 这款手机为例，演示如何制作主图文案。

1. 产品卖点分析

图 3-59 所示,小米 MIX 3 是小米旗下 MIX 系列第三代全面屏手机,采用滑盖全面屏设计,定位商务旗舰,于 2018 年 10 月 25 日在北京发布。

外观方面,小米 MIX 3 采用了滑盖全面屏,磁动力设计,6.39 英寸 FHD+ AMOLED 屏幕,屏占比高达 93.4%,正面几乎全是屏幕。小米 MIX 3 采用陶瓷后壳,提供经典黑色陶瓷、天然翡翠宝石色、宝石蓝配色三种款式。

图 3-59　小米 MIX 3 发布会海报

配置方面,小米 MIX 3 选用高通骁龙 845 处理器,具有全球首批 10GB 超大内存,10W 无线快充,全系标配充电座,多项领先通信技术,业界首家支持多类型门禁卡模拟,超级听筒音量再大 27%,专属 AI 键,可识别 7 种方言。搭载前后旗舰级 AI 双摄,世界权威评测 DxOMark 拍照得分 108 分,支持 960 帧慢动作摄影。

由上面的产品信息可以得出其主要的卖点如下:

(1)"全面屏":该手机是小米 MIX 系列手机,沿用全面屏的形式。

(2)"滑盖":滑盖是小米 MIX 3 机型一个大胆的尝试,为了将"全面屏"这个概念做到极致,小米 MIX 3 将前置摄像头置于屏幕后部,达到了 93.4% 的超高屏占比。

(3)"前后 AI 双摄":小米 MIX 3 采用前后 AI 双摄,共有 4 个摄像头,AI 摄影技术能够使照片应用场景更加广泛。

(4)"骁龙 845 处理器":高通骁龙 845 处理器是 2018 年年初推出的商用的处理器,性能也是当时市场上数一数二的。

(5)"无线充电":小米 MIX 3 支持无线充电,可适用各类 Qi 标准无线充电器。

2. 主图文案制作思路

通过上面对小米 MIX 3 的卖点进行分析,这 5 个卖点都具有很强的吸引力,所以可使用罗列卖点法进行主图文案制作,然后适当添加利益诱惑。另外,产品发布后很快就是双十一购物节,所以可以加入小米和天猫双十一 LOGO,最后列出产品的价格。

3. 准备产品图片

接下来需要准备产品图片,放在主图上,让消费者一眼就能看到产品。产品图片要突出"滑盖"这个卖点，如图 3-60 所示。当然，有条件的可以请明星或者模特手持手机拍照获得产品图片，这样更具吸引力。

4．制作产品主图

手绘产品主图文案草图，或者利用 Ps 等制图软件对上面这张图进行设计制作，罗列出卖点，同时将 LOGO、售价和赠品添加进去，进行合理排版，得到如图 3-61 所示主图文案。

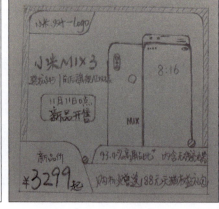

图 3-60　小米 MIX 3 图片　　　　　　图 3-61　小米 MIX 3 主图文案

分任务 3　掌握电商海报文案的写作技巧

一、了解海报文案

海报又称招贴画，传统的海报一般贴在街头墙上、商店商场橱窗、广告牌等地方，具有强烈的视觉冲击和极强的吸引力。随着电子商务的发展，海报开始被运用于电商领域，如图 3-62 所示。

图 3-62　电商海报

海报文案的制作要点见表 3-7。

表 3-7　海报文案制作要点

序号	要点内容
1	充分的视觉冲击力，可以通过图像和色彩来实现
2	海报表达的内容精练，抓住主要诉求点
3	内容不可过多
4	一般以图片为主，文案为辅
5	主题字体醒目

二、掌握海报文案制作的 7 个技巧

海报文案的制作技巧跟主图文案制作大体相似，但是海报文案可以展现的内容更为丰富、形式更为多样，以下介绍海报文案制作技巧。

1. 错觉折价

错觉折价是指用文字说明花较少的钱购买到高价值的商品，与打折相似，但又不像打折一样只有干巴巴的几折优惠，给用户不一样的感觉。例如"花 100 元买 130 元商品"，这就相当于"打七折"，但却告诉用户这是优惠，而不是"折扣货品"，而且价格表明对销售更有冲击力，如图 3-63 所示。

图 3-63　错觉折价海报文案

2. 一刻千金

一刻千金是指设置较短时间内可享受巨大优惠，给用户一种争分夺秒的感觉，可以让用户趋之若鹜。例如"现在下单，10 分钟内所有货品 1 折"，用户抢购的时间是有限的，而且时间是商家说了算，但是要把握好度。在这个以流量为王的年代，客流可以带来无限的商机。图 3-64 所示为海报文案示例。

3. 超值一元

超值一元是一种舍小取大的促销策略，是指利用 1 元秒杀或者 1 元抢购价值 10 元甚至更高的商品。例如几款价值 10 元以上的货品以超值 1 元的活动方式参加促销，虽然这几款货品看起来是卖亏本的，但通过设置关联销售的方式带动进店客户购买其他相关联营销的产

品。这招特别适合新店，在网上购物的人如果选中一家店，而且服务好价格不错，回头率是相当高的，这带来提高知名度和增加流量的好处。图 3-65 所示为海报文案示例。

图 3-64　一刻千金海报文案示例

图 3-65　超值一元海报文案示例

4. 临界价格

临界价格也就是我们常见的将 10 元改成 9.9 元或者将 100 元改成 99 元的促销方式，这也是较为常用的一种方式，各大手机厂商将这种促销方式演绎得淋漓尽致。图 3-66 所示为临界价格海报文案示例。

图 3-66　临界价格海报文案示例

5. 降价加打折

顾名思义，这种方法不仅降价，还给用户打折，这样能带给用户双重实惠。例如"所有光顾本店购买商品的用户满 100 元可减 10 元，并且还可以享受八折优惠"。100 元若打 6 折，损失利润 40 元，满 100 减 10 元再打 8 折，损失利润实际只有 28 元，但力度上双重的实惠将诱使更多的用户购买。图 3-67 所示为降价加打折海报文案示例。

图 3-67　降价加打折海报文案示例

6. 百分百中奖

百分百中奖即客户消费后进行抽奖，并且中奖概率百分之百的策略。这种方法将折扣换成了奖品，奖品不必设置过于贵重，与商品价值匹配即可，当然也可以设置一两件价值较高的奖品。这种方法迎合了用户的心理，人人都爱中彩头，实实在在的实惠让用户得到物质上的满足，双管齐下收效匪浅。图3-68所示为百分百中奖海报文案示例。

图3-68　百分百中奖海报文案示例

7. 来者有礼

来者有礼就是只要看看就能获得礼品，比如赠送小件试用品，还可以是优惠券等形式。这种方式涉及的用户多，且没有门槛要求，所以是最为广泛应用的。运用这种方式主要是为了增加流量以及促进销售。

三、海报文案制作实训

1. 海报文案制作思路

仍然以小米MIX 3为例。

步骤01：确定主题。

为了跟主图文案相配套，海报文案同样使用双十一的主题。

步骤02：确定卖点。

虽然海报文案可以展示更多的内容，但是还是选择只推小米MIX 3最有竞争力的卖点，那就是"滑盖全面屏"，同时还可以把"前后AI双摄"这个卖点加进去。

步骤03：技巧套用。

小米手机营销常用饥饿营销策略，新品发布需要用户预约和抢购，因此在这里选择"一刻千金"和"临界价格"两种技巧，也就是利用双十一购物狂欢节，设置抢购时间为2018年11月11日0点开始，售价3299元，并对价格标亮处理。

步骤04：整体布局。

采用文案在左，产品图片在右的形式。通常海报整体都可以添加超链接指向产品，也就是用户随意点击海报的任意一处都可以跳转到商品购买地址页面，但是还是需要添加一个立即购买的标识引导用户点击。另外，海报的背景颜色选择灰色调即可。

2. 准备产品图片

准备产品图片，如图3-69所示。

图3-69　产品图片

3. 制作海报文案

手绘产品海报草图文案或者利用Ps等制图软件，根据海报文案制作思路对上面这张图进行设计制作，合理排版，得到如图3-70所示海报文案。

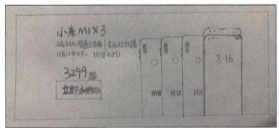 

图3-70　小米MIX 3海报文案

分任务4　掌握电商详情页文案写作技巧

当点击产品主图，跳转的页面就是详情页。详情页包含主图、标题、价格、规格、分类以及图文介绍模块，这些内容占据很大的篇幅，自定义程度很高，尤其是图文介绍模块，这也是要重点介绍的，下面所称的详情页指的是图文介绍模块。

如果产品主图或海报的文案十分吸引人，但详情页却平淡无奇，就会将辛辛苦苦吸引过来的访客大部分流失掉，使得成交量极少。因此，在详情页也要适当进行文案的雕琢，这样转化率才有望得到大幅的提升。图3-71所示为商品详情页示例。

图 3-71　vivo Z1 青春版商品详情页示例

一、掌握 3 种类型详情页文案的制作技巧

1. 促销文案制作技巧

对于绝大多数买家来说，实惠是他们尤为重视的一点，所以我们在详情页第一页可以

设置促销活动区域，这就需要创作促销文案。

以买家追求实惠这个动机为起点，在保证盈利的情况下，文案的侧重点可以是比如加量不加价、量大从优、最后一天、下单送豪礼、下单即可抽奖、优惠活动仅此一次等，根据不同的侧重点，拟定不同的文案和规则。同时，还可以利用买家冲动消费的倾向，设置优惠力度随时间推移不断减小的促销文案，如图3-72所示。

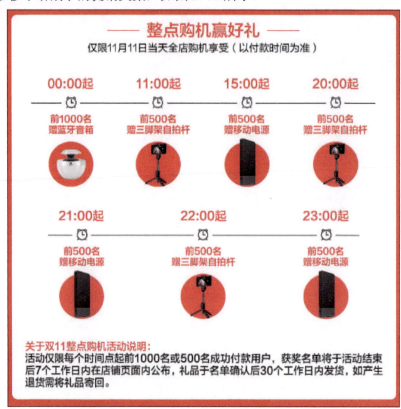

图3-72　促销文案示例

2. 产品描述文案制作技巧

通过促销文案很好地吸引了买家的注意力，接下来就是对产品的详细内容进行描述。产品描述文案占据了详情页的绝大部分，文案的描述可以从很多方面入手，但前提是需要激发买家的兴趣、消除买家的顾虑、引导买家下单，下面从两个方面入手，介绍应该怎样制作文案。

（1）从买家购买动机入手。买家的购买动机有很多种，比如新奇个性、追求便利、追求美丽（高颜值）、从众等。

1）新奇个性。这类买家一般以追求时尚的年轻人为主，他们要的是潮流，是新奇特，是与众不同。他们喜欢标新立异，比如纪念版、全网独一无二、最新款式、彰显个性、限量等字眼的文案对他们将会有很强的吸引力，如图3-73所示。

2）追求便利。这类买家在购买商品的时候都会追求购买整个流程的便捷性，希望省时省力，能够尽可能简单、快速地完成交易过程。针对这类买家，可以使用免费上门安装、极速发货、一对一客服指导组装等字眼的文案，如图3-74所示。

图 3-73　华为 P20 Pro 限量版文案示例　　　图 3-74　窗帘文案示例

3）追求美丽。这类买家追求美丽、颜值高的商品，关注精神生活、色彩、造型等。对于这类买家，精致的图片和优美的文字更能吸引他们，如图 3-75 所示。

4）从众心理。这类买家往往更加青睐于爆款商品。这类买家通常又可以细分为两类：一类是崇拜性从众，文案可以用××明星同款、××场合同款等字眼。另一类是单纯跟随大众，文案可以从全网热销××件、连续三年全网销量第一、××人的选择等字眼入手，如图 3-76 所示。

图 3-75　美图手机文案示例　　　图 3-76　骆驼户外冲锋衣文案示例

（2）从产品卖点入手。从产品的卖点入手，也就是罗列出产品的优势，从中提炼出文案。产品的优势是每个产品都有的，靠自己去挖掘出来。在实际的文案制作过程中，对于每个卖点都可以用一个标题来引领，然后再用一两行小字做进一步解释说明，文字不能太多，也不能过于简略。如图 3-77 所示，华为 Mate 20 手机后置摄像头卖点，独特摄像头矩阵设计，文案以《矩阵设计 耀目传奇》为标题，引领着下面三行文字，文字对标题做进一步解释，介绍了设计灵感和优点。

图 3-77　华为 Mate 20 摄像头卖点文案示例

对于以九宫格形式展示卖点的文案，同样也可以按照这个思路进行操作，如图 3-78 所示。

图 3-78　华为 Mate 20 罗列卖点文案示例

3. 辅助性文案制作技巧

随着电商行业的不断发展，买家们对于各种服务需求变得多种多样，对于产品的各项信息要求也是越来越苛刻，因此在详情页上，我们还有必要对物流说明、套餐说明、包装清单、常见问题声明、买家秀或评价、产品详情等信息做详细介绍。

（1）物流说明。物流对于电商交易双方来说都是非常重要的，一方面，买家更加青睐于包邮的商品，通常会抵触需要自付邮费的商品，他们对快递服务也有多种多样的需求；另一方面，对卖家来说，物流成本将占据一定比例的经营成本，通常会通过与一家或几家快递合作来降低成本，一味地包邮对于新疆、西藏等偏远地区也会加重物流成本，因此在详情页上也应当对物流服务进行相关说明，以更好地留住买家。物流服务很有必要说明，一般用一到两句话，在关键位置展现，比如详情页开头或结尾处，如图 3-79 所示。

图 3-79　物流说明

（2）套餐说明。对于有多种套餐规格的商品，通常还需要添加套餐说明，如图 3-80 所示。

图 3-80　套餐说明

（3）包装清单。对于手机这种包含配件的电子产品，需要罗列出包装清单，以免引发争议。包装清单的格式通常比较固定，如图3-81所示。

> 包装清单：
> 手机X1、电池（内置）X1、USB充电器X1、USB数据线X1、快速入门指南X1、重要信息与保修卡X1、取卡针X1、屏幕保护膜X1（出厂已贴在手机上）、原装保护套X1（备注：最终以实物为准）

图3-81　套餐说明示例

（4）常见问题声明。将买家在购物过程中比较关注的常见问题进行声明，一方面可以方便买家快速明确关键信息，另一方面也能降低卖家解释压力、减少交易争议。购买须知示例如图3-82所示。

> **购买须知**
>
> **产品交付须知**
> Apple Store 官方旗舰店产品由指定的送货员在周一至周日的营业时间内送货。所有交货均需签名。订单在产品有货时装运，并可能会导致多次送货。如果送货不成，会给您留下一张名片，通知您联系送货员以安排一个更为方便的送货日期。为了您的便利，您可能更愿意将您的订单送至您的办公地址。请注意，如果您如此决定，货物可能由收发部门接收。为安全起见，不允许送货至邮箱。为核验之目的，运送地址的接收方须向我们指定的承运人提供买方或者订单所列接受方的身份证明。
>
> **购买资格**
> Apple Store 官方旗舰店仅向个人用户销售和运送产品。尽管已确认订单或付款，如果 Apple 有合理理由相信产品购买并非为了个人使用，它可以取消任何订单。
>
> **经营时间**
> 如果您想获得产品和定价信息，我们的在线客服会在周一至周日上午9点到晚上6点（不含中国公众假期）为您提供帮助。对订单状态信息或对您已在 Apple Store 官方旗舰店下发订单的其他帮助，请联系在线客服。
>
> **查看订单状态**
> 您可以登录天猫查看您的订单状况。
>
> **付款**
> 您需要使用支付宝进行支付，关于支付宝具体详情，请参见支付宝支付帮助介绍。
> http://help.alipay.com/lab/index.htm

图3-82　购买须知示例

（5）买家秀或评价。详情页里嵌入美观、有吸引力的买家秀是个非常有用的方法，能有效地增加说服力。买家秀可以从买家评论页中提取，这可以通过在快递包裹中夹上纸条邀请买家晒图返现来实现买家秀的收集。跟买家秀一样有说服力的就是买家的评价，一般买家在决定购买之前会浏览一下已购买家的评论和统计数据。因此，将这部分信息截图重新排版后展示在详情页里也是一种不错的选择，如图3-83所示。

（6）产品详情。这点是买家特别关注的，尤其像手机这种数码电子类产品，产品的参数不能写得太过简单，如图3-84所示。产品的详细参数在添加产品的时候会自动生成，但这个不完全，也不一定准确，需要重新进行编辑。

图 3-83 买家对产品的评价示例

存储		
	运行内存RAM	4GB 6GB
	存储容量	4+64GB 4+128GB 6+128GB
基本参数		
	品牌	Xiaomi/小米
	型号	REDMI 9
	电池类型	不可拆卸式电池
	CPU核心数	八核处理器，最高主频2.0GHz
	机身颜色	墨黛青 碳素黑 霓虹蓝 藕荷粉
	手机类型	拍照手机 音乐手机 时尚手机 智能手机 老人手机 备用手机 老年机 老年手机 老人机 电信手机 直板手机
	操作系统	MIUI
	CPU品牌	联发科
	产品名称	Redmi 9

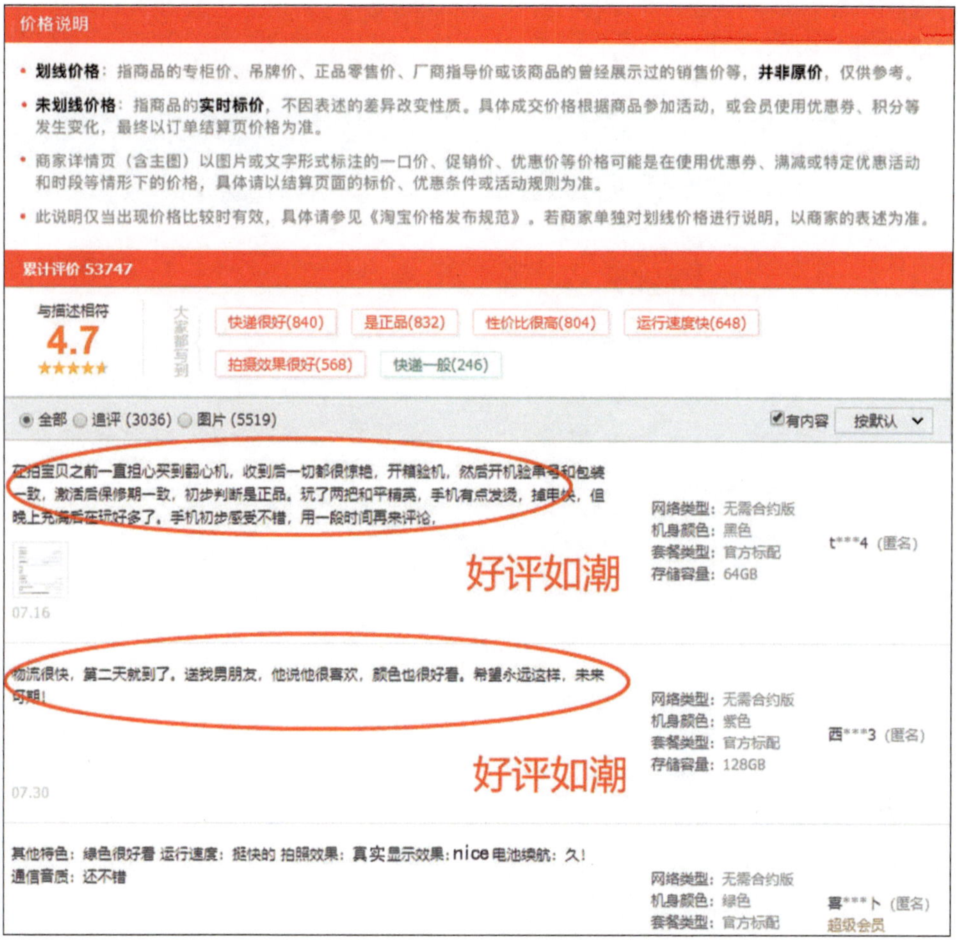

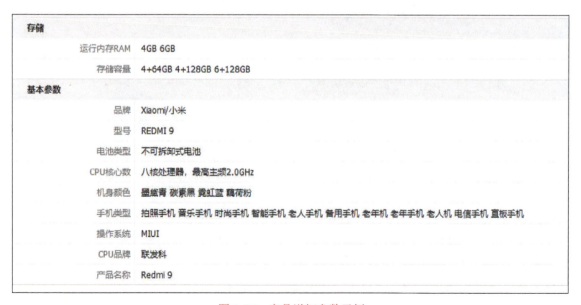

图 3-84 产品详细参数示例

图 3-84 产品详细参数示例（续）

二、详情页文案制作实训

1. 详情页文案制作思路

以小米 MIX 3 为例，详情页做成宽度 790 像素的一系列图片，然后拼接成完整详情页。

步骤 01：设置促销活动区。

在开始介绍产品详情之前，首先加入促销活动专区来促进用户下单和提高客单价。这里使用购机抽奖、评论抽奖以及购机领取配件优惠券等方式，这些都可以通过电商平台提供的应用程序来实现，如图 3-85 所示。

图 3-85 购机抽奖活动示例

步骤 02：从卖点入手介绍产品。

介绍产品卖点或者优点，也就是罗列出产品一系列的卖点，再配合相应的产品照片，见表 3-8。

表 3-8 卖点及文案汇总表

序号	卖点	卖点文案
（1）	磁动力滑盖	开创性的磁动力滑盖全面屏
（2）	全面屏	全面屏开创者，再次推动探索。 小米 MIX 3，93.4% 的屏占比，前置双摄隐藏式设计，手机正面只有屏幕。 开创性的磁动力助推设计
（3）	新型交互方式	新一代全面屏交互方式。 复杂操作，一推即达。 滑开秒回微信，滑开随时阅读。 滑开一秒支付，滑开更支持个人定义。 为滑盖赋予更多可能，让你的随手一滑，直达常用 APP
（4）	彩色陶瓷机身	颜色：黑色、翡翠色、宝石蓝。 开启陶瓷手机的色彩时代。 手机中的艺术品。 精致的四曲面陶瓷机身，经典的黑色陶瓷，优雅大气，天然翡翠色，如玉般典雅高贵，与四曲面陶瓷浑然天成，掌心间尽是璀璨光彩
（5）	全新夜景拍摄	震撼全面屏下的拍照体验。 DxOMark 拍照评分 108 分。 绚丽的夜景好美，可手机总是拍不出？1.4μm 大像素 +2PD 双核对焦技术，配合全新手持超级夜景，八项黑科技，让你稳稳留住绝美夜色
（6）	前置 AI 双摄	24MP 主摄 +2MP 副摄。 精准分析画面内物体及远近层次，实时呈现单反般的光学虚化效果，轻松拍出宛如梦境的唯美影片
（7）	慢动作摄影	960 帧慢动作摄影。 慢慢回味每一瞬间的精彩。 后置 960 帧电影般慢动作视频，将眨眼间的美妙展现得淋漓尽致！更能 AI 精准分析视频内容，15 个场景智能匹配背景音效
（8）	无线充电	高效 10W 无线充电。 充电功率提升 30%。 随手机赠送无线充电器。 可适用各类 Qi 标准无线充电器，机场、咖啡馆内无线充电器均可放心使用
（9）	独立 AI 键	新增 AI 键。 更聪明的"小爱同学"。 无须语音，长按即可唤醒。还可以通过单击或双击，启动更多 AI 功能。能懂 7 地方言，以你舒服的方式与 TA 对话

步骤 03：加入包装清单。

包装清单：手机主机、电源适配器、小米无线充电器、极简手机保护壳、USB Type-C 数据线、Type-C AUDIO 转接线、插针、入门指南、三包凭证。

步骤 04：加入其他辅助性文案。

最后加入温馨提示、常见问题以及价格说明等。

2. 制作详情页文案

利用 Ps 等制图软件，根据详情页文案制作思路进行设计制作，合理地排版，得到如图 3-86～图 3-100 所示详情页文案。

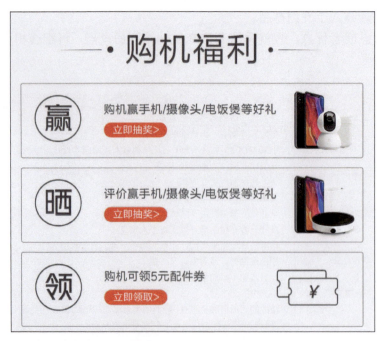

图 3-86　详情页文案 1

图 3-87　详情页文案 2

图 3-88　详情页文案 3

项目3　掌握各种软文文案的写作技巧

图 3-89　详情页文案 4

图 3-90　详情页文案 5

图 3-91　详情页文案 6

图 3-92　详情页文案 7

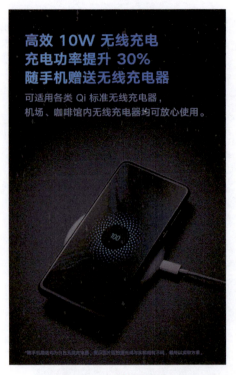

图 3-93　详情页文案 8　　　　　图 3-94　详情页文案 9

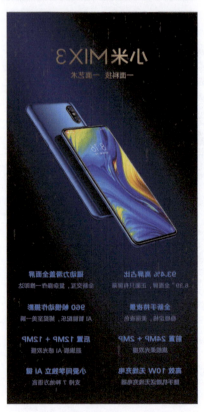

图 3-95　详情页文案 10　　　　图 3-96　详情页文案 11

项目3 掌握各种软文文案的写作技巧

温馨提示

关于发票：发票金额为订单实际支付金额（使用天猫积分冲抵金额不计入发票金额）
发票内容默认为订购的商品明细，不支持修改。
关于快递：不支持指定快递。订单随机采用顺丰、EMS、如风达、申通、圆通快递。
订单发货：订单支付后，48小时内发货（如遇节假日或其他活动时，发货安排另行约定）；
实际发货可能出现拆单或合单情况，拆单或合单后订单快递选择规则参考上一条；
关于发货地：订单支付后，会参考下单时各地仓储情况，分配发货地，不支持指定仓库发货。
订单支付：商品付款减库存，如购买的商品拍下后未及时付款，会提示缺货，即表示商品售罄。
订单修改：天猫平台及店铺大促期间收货地址及商品属性不支持修改，其他时间段请寻求旺旺客服人员协助。
注：小米电视为天猫大家电特殊类目商品，不遵循以上规则，详情请参考小米电视商品页面。
如有问题可咨询旺旺客服。
关于限购：除规定商品外，其余商品每个ID最多限购10个，超过数量订单或收货信息相似本店有权取消不发货；
关于预售：预售产品7天内发货，与预售产品一起拍下的产品，也随预售产品7天内发货；
普通商品如遇合单发货，也将按照预售产品发货时间执行；
打击黄牛：为避免黄牛囤货、操控销售等损害消费者利益的现象发生，本店特制定"热销商品购买规则"，让我们一起抵制黄牛行为。
购买规则：热销商品（见明细）每个用户ID限购1件，其余商品以实际限购数为准，最高不超过5件。
不同用户ID，但相同（包括雷同、邻近、虚构）的收货地址、联系方式、联系人，均视为多拍订单。
多拍订单本店有权取消订单资格不发货。
热卖商品：如小米手机、Redmi手机、空气净化器、净水器、小米电视、小米体重秤、小米手环等。
意外险查看商品：您若需要退货，请您务必先确认收货，避免意外险承保导致您的商品无法正常退货。

温馨提醒

本店无任何以有偿刷单为借口，通过垫付货款佣金等形式的违规活动，谨防上当受骗。
如已造成财产损失，请尽快向公安机关报案。
接到用户反馈，部分不法分子以有偿刷单为借口，通过垫付货款佣金等形式诈骗消费者钱财。
请大家认准店铺首页xiaomi.tmall.com及小米官方旗舰店：xxxx 开头的官方客服账号，谨防上当受骗。

包装清单

手机主机 / 电源适配器 / 小米无线充电器 / 极简手机保护壳 / USB Type-C 数据线 / Type-C TO AUDIO 转接线 / 插针 / 入门指南 / 三包凭证

图 3-97 详情页文案 12

常见问题

问1：支持开票吗？
答：支持
① 自2018年2月1日起小米天猫官方旗舰店正式切换为电子发票，使用电子发票在节约、环保的同时还可以进一步提高我们的发货速度，有助于您更快地收到我们的商品，此外，电子发票不存在损毁、丢失的情况，您永远也不必担心发票会遗失。
② 电子发票具有和纸质发票相同的法律效力，可作为用户维权、保修、报销的有效凭据（以各地规定为准）。

点此查看电子发票详细说明>>

问2：为什么我购买了多个商品，签收时只收到了其中一部分？
答：为了尽快让您收到米宝贝，小米官方旗舰店会对部分订单进行拆单发货，请您耐心等待，您的米宝贝会尽快送达的。

问3：关于签收
① 签收时请您当着快递员的面当面清点货物，查看产品、赠品等是否完好及齐全。
② 若查看时发现货物有损坏、漏发、商品有划痕等情况，请您直接拒收。一旦签收，即代表您已经清点并确认了所有产品，包括随机配件和赠品，签收后小米官方旗舰店恕不受理事后提出的有关产品、配件、赠品的缺失以及外观损伤等问题，感谢您的理解与支持，请您验货签收务必注意检查。

图 3-98 详情页文案 13

问4：关于七天无理由退货
时间节点：七天无理由退货的7天，是按照您物流签收后的第二天零时起计算时间，满168小时为7天。例如您在6月1日签收了商品，您最晚需在6月8日24时前提交7天无理由退货申请，或最晚在6月16日 24时前联系售后客服协商换货申请，超出前述时限则不能享受线上退换货服务。
条件：
① 7天无理由退货产品需要产品包装、附件、发票等资料齐全且完好；屏幕没有磨损或损坏，机身无损坏、划痕或进液行为等；说明书、三联贴（IMEI贴）、保修卡（务必保持空白）、手机盒内隔板，手机机身背面主机标贴、入网许可标识等均请保存完好，若您无法提供上述所有物件或上述物件破损，可能会导致退货失败，建议自签收产品次日起，您将原包装及原包装内所有物料保留至少15天。任何情形下，经过工程师检测认定的人为损坏不支持退换货，七天无理由退货运费由用户自行承担，质量问题退货/换货/维修，运费由用户垫付，工程师检测后确认为质量问题，凭借快递发票最高报销15元运费/运费抵扣券。

问5：为什么实际可用的存储空间（ROM）比页面描述的要少？
答：由于手机出厂后手机需要安装操作系统及APP才能使用，故实际可用空间小于页面描述，并会因许多因素而可能有所差异。

问6：我对宝贝或其他方面有特殊的要求，可以在下单时填写补充说明吗？
答：不可以，请不要在下单页面填写任何补充说明，填写补充说明会导致订单延期处理，有问题请直接与客服沟通，任何补充说明均为无效，请您谅解。

问7：关于部分产品售后形式的说明
包括但不限于小米净水器全系列、小米净化器全系列、9号平衡车全系列、小米电视全系列、米家电动滑板车等产品售后为上门服务，产品有任何问题请及时联系客服处理，私自寄回会被拒收，请您谅解。

图 3-99 详情页文案 14

201

价格说明：

划横线价格： 商品展示的划横线价格为参考价，该价格是该商品在天猫小米官方旗舰店上曾经展示过的销售价；由于地区、时间的差异性和市场行情波动，品牌专柜标价、商品吊牌价等可能会与您购物时展示的不一致，该价格仅供您参考。

促销价： 天猫小米官方旗舰店促销价为商品的销售价，是您最终决定是否购买商品的依据。

折扣： 如无特殊说明，折扣指销售商在原价、或划线价（商品在天猫小米官方旗舰店上曾经展示过的销售价）等某一价格基础上计算出的优惠比例或优惠金额；如有疑问，您可在购买前联系店铺客服进行咨询。

异常问题： 商品促销信息以商品详情页"促销"栏中的信息为准；商品的具体售价以订单结算页价格为准；如您发现活动商品售价或促销信息有异常，建议购买前先联系店铺客服进行咨询。

图 3-100　详情页文案 15

  学生演练

1. 主图文案实战

根据上述步骤，选择你喜爱的某款手机提炼一个或两个卖点进行主图文案制作，手绘草图或用 Ps 等软件制作出产品主图布局及对应文案。

2. 海报文案实战

根据上述步骤，同样选择某款你喜爱的手机中的一个或两个卖点，进行海报文案制作，手绘草图或用 Ps 等软件制作出产品海报布局及对应文案。

3. 详情页文案实战

根据上述步骤，仿照上面的详情页文案，收集某款你感兴趣的手机的相关信息，设计活动促销文案、罗列出卖点（以表格的方式呈现）以及包装清单，并最终按照主图和海报所示手绘草图或用 Ps 等软件制作出一份手机详情页布局及对应文案。

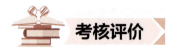 考核评价

掌握电商文案的写作技巧考核评价表，见表 3-9。

表 3-9　掌握电商文案的写作技巧考核评价表

序号	评价内容	得分／分			综合得分／分
		自评	组评	师评	
1	主图文案吸睛且突出卖点				
2	海报文案突出卖点且具备一定营销氛围				
3	详情页文案内容简练，突出卖点且能引起消费者共鸣				
	合计				

任务 5　掌握互联网产品文案的写作技巧

任务分析

互联网产品文案是从传统文案转变过来的,如今互联网快速发展,各种各样的互联网产品充斥着我们的生活,为了在残酷的竞争中脱颖而出,互联网企业不得不在其产品的文案上下足功夫,并也随着相关热点的变化在不断调整文案,以适应互联网产品与服务的需求。

情境引入

互联网企业产品文案的制作,首先要从产品的卖点入手,挖掘提炼产品卖点,直击用户痛点,然后通过合适的逻辑和技巧形成产品文案。

本任务中,我们主要介绍如何挖掘产品卖点、梳理产品文案逻辑以及高品质产品文案的制作,并通过对应的练习,让学生学习互联网产品文案的写作技巧和思路,并能够通过实战写出一篇产品文案。

教师点拨

分任务 1　学会挖掘产品卖点

一、了解什么是产品卖点

本文认为,产品卖点就是能够吸引用户眼球的独特利益点或者我们常说的产品价值。产品价值一般包括产品本身的价值以及产品被附加的价值。产品本身的价值指产品的功能、特性、品质、品种与式样等所产生的价值。而产品的附加价值,如产品的文化价值、品牌价值、延伸功能价值、细分市场价值、包装价值、纪念价值等。产品卖点一方面是产品与生俱来的,另一方面是通过营销策划人的想象力、创造力来产生的。

产品卖点最早由美国人罗瑟·里夫斯提出,他于 20 世纪 50 年代初提出 USP(即

Unique Selling Proposition)理论，即"独特的销售主张"，意思是：一个广告中必须包含一个向用户提出的销售主张，这个主张要具备利益承诺、独特、强有力三个要点。其中，"利益承诺"强调产品有哪些具体的特殊功效和能给用户提供哪些实际利益；"独特"是指竞争对手无法提出或没有提出的；"强有力"是指必须聚焦在产品一个点上，能够集中打动、感动和吸引用户。

在互联网上销售产品，最先和用户接触的不是业务员和客服，而是产品信息。此外，用户在互联网上会同时对比了解多家产品提供商，这时候能否让用户在同类产品中看到产品的独特卖点，是影响用户选择产品的关键。因此，拥有独特的卖点对产品销售的重要性不言而喻。那么，应该如何来挖掘产品卖点呢？下面开始介绍产品卖点挖掘的原则和方法。

二、熟悉挖掘产品卖点的 5 个原则

1. 直击用户最关心的点

产品所提出的卖点一定要解决用户最为关心的那个点，也就是用户的痛点。无论产品有多少个亮点，如果用户不感兴趣，也不关注，或者说对用户解决痛点没有直接帮助，也是无济于事，亮点终究没有办法变成卖点。

2. 实事求是，坚持卖点产品自有

不管是网络营销推广，还是营销策划，都必须实事求是，不能做假。任何没有实际依据的虚假描述都是对潜在用户的欺骗，是不诚信的表现，严重的可能会面临投诉或监管部门的处罚。因此，用户关心和关注的点必须是自身产品实实在在具有的点，挖掘卖点时一定要以公司和产品的真实情况为基础。

3. 不要局限于产品本身

并不是所有的产品都有非常鲜明的优势，当产品与市场上其他的产品相差不大时，要基于产品本身提炼出卖点基本上很困难。这时可以尝试从公司的市场定位、生产与服务经验等方面去挖掘卖点。

例如益生堂三蛇胆胶囊除痘保健品，在全国保健品市场泛滥，普遍销售低潮的环境下，益生堂以准确的市场定位推出了"战痘的青春"广告系列，从而脱颖而出，成为华南市场保健品的新星，年销售额近亿元。

4. 彰显产品的独特价值

当所经营的产品正好属于行业新产品时，其相对于市场上的同类型产品来说就具有独特的价值。这时候可以多角度地去宣扬和彰显这一独特价值，让用户感觉到产品的独特。

5. 间接宣扬产品本身优势

"品质一流、品质过硬""我们的产品是市场上领先的产品"，此类型的宣传语感觉空

泛,效果并不会好。从某种程度上说,只是比什么也没说稍微好一点。换一种思路,我们可以通过间接的方式达到赞美产品的目的,比如我们可以通过用户评价这个角度,借助他人之口来赞美产品。

图 3-101 所示为某网校考研政治网络课程,就是从用户评价这个方面来宣传产品的优势的。

图 3-101　某网校考研网络课程用户评价

三、掌握挖掘产品卖点的 5 个方法

1. 消化产品信息

要挖掘产品卖点,首先要做的是熟悉产品,如果连自己在销的产品都不熟悉,是提炼不了产品卖点的。可以请产品经理和技术人员作产品或新品宣讲会,并作专项技术咨询、培训。只有吃透自己的产品,才能对竞争对手做出更深入的分析,做到知己知彼。

在这个阶段主要是明确产品的侧重点,不同产品有不同的侧重点,如视频网站会员卖的是高品质视频和免广告特权,网络课程卖的是知识和学习技巧等。当然,如果产品本身是爆款,有抢眼的销售数据,同样也是一个很好的卖点,例如香飘飘奶茶的"一年卖出七亿多杯,连起来可绕地球两圈"。

2. 做好前期市场调研

做市场调研,主要要落实的是两点,第一是行业环境情况分析,第二是竞争对手情况分析。

行业环境情况分析内容包括什么季节、什么节日、什么样产品会热销?现在市场热销的产品是什么?都有些什么卖点?通过分析,可结合自己的产品,找准定位进行卖点提炼,可以是相同相近的卖点，也可以是根据市场趋势创造出卖点来。通过分析竞争对手，找出差异点，找出对手没有的，或者对手有的我们做得更好，比如我们率先使用了某种技术等。

图 3-102 所示阿里的鹿班，就是国内率先将人工智能技术运用到产品广告图片设计领域的一款产品，能够快速设计出大量精美的图片。因此在广告文案中就着重宣传这个卖点。

图 3-102　鹿班广告

3. 挖掘客户深层次需求

挖掘客户深层次需求，是指结合客户属性，找出客户痛点，并根据市场与对手的情况，结合产品特点向用户提供差异化解决方案。

图 3-103 所示为在淘宝上搜索的两款劳保鞋主图。对于购买劳保鞋的用户来说，他们大多出入于工地或劳动强度大的场所，因此对鞋子的要求也比普通的鞋子要求更高，所以更有针对性、更深层次的需求创意和文案才会吸引他们，点击率才会更高。图 3-103 的左图明显比右图更加具有吸引力，使用了钉子和锤子，用"看我踩弯钉子"的文案对用户进行心理暗示。

图 3-103　劳保鞋主图

4. 赋予产品特定的附加价值

赋予产品特定的附加价值，比如与生活潮流结合、与某种时尚趋势同步，还可以创造出新的产品概念，用概念突出卖点。或者是把产品放到某种整体解决方案里，这样都能够为产品建立起差异化的竞争力，形成具吸引力的卖点。

5. 附带企业品牌方面的卖点

在阐述产品卖点时，可以附带一些企业品牌方面的卖点，比如企业的硬件设备，包括占地面积、生产设备、人员规模等以及企业的软件优势,包括高素质队伍、服务理念、企业文化、行业荣誉、社会地位、销售规模、营销服务网络等。这是一个品牌影响力的体现,可以强化产品卖点的说服力。

分任务 2　掌握互联网产品文案逻辑的 5 个方面

方面 1:确定文案推广目的

文案推广的两个主要目的,一个是影响用户态度,另一个是促使用户行动。

在不考虑战略背景的情况下,与付费相关的产品或者高频使用的免费产品,更倾向于使用追求转化率的文案,也就是用文案促使用户行动。而其他情况下,更适合使用将目的定为影响用户态度的文案。影响用户态度的文案不代表不能产生转化率,而是指它带来的转化率是非常自然的、顺带的,而不是刻意唤起用户行动。图 3-104 所示为影响用户态度文案转化率示意图。

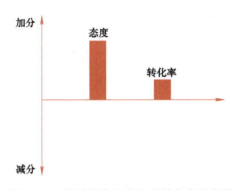

图 3-104　影响用户态度文案转化率示意图

反过来,侧重于转化率的文案通常能短时间带来直接效益,但却是以牺牲"用户态度"为前提的。这就是一些顶级奢侈品不轻易打折促销的原因。追求转化率文案对用户带来的影响如图 3-105 所示。

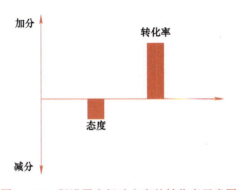

图 3-105　促进用户行动文案的转化率示意图

侧重于转化率的文案使用,要视情况公司的战略情况而定。当需要快速覆盖市场、急需去库存、加速资金周转或者需要对内打鸡血、对外挫击竞争对手时，采用促使用户行动的文案是必要的，哪怕为此付出用户态度扣分的代价。

因此，产品文案写作的第一步应当是确定文案推广目的，不仅是偏重于影响用户态度，还是偏重于转化率。

方面2：确定文案推广目标

确定文案推广目的之后还要确定文案推广目标。这里的目标是指文案的好坏标准。没有标准的文案，容易陷入自娱自乐和自欺欺人的陷阱，文案最终效果则全凭运气，这是不可取的。

那么，这个标准到底是什么呢？假如我们的目的是影响用户态度，那么就要紧紧围绕这个目的，用文案让用户把产品的好印象（例如特殊优势、卖点）牢牢印刻在心里，一旦他们拥有购买动机时，就能将我们的产品列入候选中。

方面3：明确独特的卖点

通常一个产品会有不止一个的卖点，甚至是很多，在具体撰写文案时，究竟要突出几个优势点呢？这就需要明确产品独特的卖点，不需要多，提炼出最优质的最核心的即可。认知心理学的大量实验也证实：人的大脑只善于记住一个命题。例如，"困了累了喝红牛""怕上火喝王老吉""农夫山泉有点甜"等文案，都只是包含了一个卖点（图3-106）。

图3-106 红牛文案

那么，在实际文案写作时，应该怎么选取产品的核心卖点呢？如果公司产品亮点、定位一直都很清晰或者老板有指定要传达的亮点，那可以直接跳过这一步了。但如果我们产品的卖点有多个或者刚研发了全新的卖点，那在具体文案写作时就应该选取主流用户最在乎的内容。

比如，百达翡丽手表的主流用户是中年高收入人群，卖点则为"儒雅传统，重视家庭"，而劳力士手表的主流用户是中青年的成功创业者，卖点偏向于"野心勃勃，进取性强"。针对不同的主流用户，文案创意也要具有针对性。要知道，没人能取悦所有人，产品也如此，一旦一个产品尝试讨好所有人的时候，它就将变得什么都不是了。

方面4：把卖点写进用户记忆

当我们确定了主流用户，并把核心卖点确定后，就要考虑如何将文案"雕刻"得过目不忘。把卖点写进用户的记忆中，有以下三种产生"长期记忆"的文案写作方法。

1．认知精细加工

我们认知一个新事物的过程，其实就是在大脑中构建全新的神经连接，这个时候如果我们能对新事物的意义及关联概念进行深度的联想，通常就能记得更持久。那么，我们应该如何才能在短短的文案中让用户进行"认知精细加工"呢？其实不难，有一个传统的方法可以借鉴，那就是讲故事。

讲故事可以遵循背景、冲突、转折、顿悟这个基本框架思路。背景即产品卖点相关的事件前奏；冲突是产品尚未出现之前引发的人事矛盾；转折是产品卖点出现的高潮时刻；顿悟就是我们要的最终结果，即让用户自行揣摩（进行记忆的精细化加工）。例如某牛仔裤文案："车抛锚了，拖车来了，没有绳子！把裤子脱了当拖车绳啊！"构建故事型文案的核心是：意料之外，情理之中。

2．自我参照效应

人们总是能够长久记住与自己的某些特征有关的人事。这对于已经深入人心的产品也同样适用。可以在文案中直接向用户抛出一个问题，然后与同行业著名的产品关联，进而突出自身产品的竞争优势（核心卖点）来回答这个问题，这就是利用自我参照效应撰写文案。

"自我参照效应"的典型做法还有如下几种：

（1）通过用户的"憧憬状态"唤醒用户的渴望感。

（2）通过用户的"厌恶对象"唤醒用户的规避感。

3．认知区别性加工

世界上会飞的鸟有成千上万种，一般人能记住名字的没有几种。然而，人们会对不会飞的鸟比如鸵鸟、企鹅印象尤为深刻。一种事物与同类的典型特征差异越大，给人的记忆往往越深刻。在写文案的时候也可以运用这种思维。这也提醒我们，思考核心卖点除了常规用法外，还有没有存在特殊的用法。

方面5：视觉化、语音化雕琢

产品文案撰写出来后，接下来就是关于文案细节内容的雕琢及措辞注意事项，基本包括以下几点：

1．巧用视觉语言

巧用视觉语言是指利用视觉语言来取代抽象的语言文字。例如描述一个女子的美，不用美丽、漂亮等词语，可以说成"走过之处，男女老幼无不回头再看一眼"。

2. 运用比较法

运用比较的方法可凸显出文案要推广的物品，而不是干巴巴的数量词。例如促销的文案若写成"特价199"，肯定没有比写成"原价699，今日特价199"更有吸引力。

3. 利用分类语言

利用分类语言是指当推广新产品时，需要先对产品进行分类，让用户大脑进行预热、产生预期。例如推广一款新产品"碰碰"，那就要先告知用户这是儿童玩具而非交友产品，让用户一眼即明该如何评估产品优劣。

4. 从用户视角思考

要知道文案是要打动用户的，所以只有从用户视角进行思考，才能更具有吸引力。在推广一件产品的时候，扭转自己的直觉表达方式，不要强调产品有多了不起，而是告诉用户这了不起的产品能为他带来多大的收益。

分任务3　高品质产品文案制作实训

制作高品质的产品文案，重在"软硬结合"。这里的"软"是指敏锐的洞察力，它是文案"高品质"的前提，而洞察力的提升需要对思维方式进行长期、刻意的训练。"硬"则指过硬的文字功底和技巧。对于"软"需要长时间的积累，不断提升洞察力。以下主要针对"硬"进行介绍，讲述高品质文案的制作技巧。

一、掌握高品质文案制作的6个技巧

1. 押韵法

押韵是一种较为常见的文案技法，大众消费者也很喜闻乐见。图3-107所示，某交友软件的文案"世间所有的内向，都是聊错了对象"，将"生人面前害羞，熟人面前话痨"换了个说法，就让文案变得生动有趣。

此外，还有今日头条的"米其林餐厅的味道真贵，妈妈的味道珍贵"，红星二锅头的"将所有一言难尽一饮而尽"以及UCC咖啡的"一切顺利就觉得自己真行，遇到麻烦事就怪水星逆行"等，都是使用押韵法的成功案例。

2. 对比法

对比法的使用能产生较为强烈的反差，起到突出文案核心诉求点的效果。比如非常著名的红酒文案"三毫米的距离，一颗好葡萄要走十年"，还有某房地产文案"爱你可以不留余地，但家里最好不要太挤"。

类似的还有别克昂科拉的"你有一颗比十万八千里还远的心，却坐在不足一平方米的椅子上"，聚美优品的"你只闻到我的香水，没有看到我的汗水"和下厨房的"你们去征服世界，我只想征服一个人的胃和心"等，如图3-108所示。

图 3-107　陌陌文案

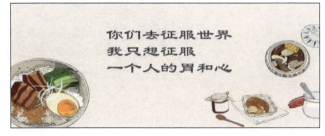

图 3-108　下厨房文案

3．拆解法

拆解法是指将关键词语拆解开，重新组合，产生新意。全联超市在诠释其经济美学时，就使用了"来全联不会让你变时尚，但省下来的钱能让你把自己变时尚"的文案，让超市这样一个听上去不怎么酷的地方也和年轻、时尚扯上了关系。

同样的例子还有大众点评的"吃都吃得没滋味，怎能活得有滋有味"（图3-109），民生信用卡的"年轻人需要指点，但不需要指指点点"等。

图 3-109　大众点评文案

4. 比喻法

比喻是写作时一种常见的修辞手法，一个精彩的比喻可以让文字变得更加形象生动。比喻法同样也可以运用到文案制作里去，图3-110所示的央视公益广告"爱，是陪我们行走一生的行李"，小刀白酒"男人的人生就像一把刀，要有所斩获"以及网易新闻"每个人，都是一条河流。每条河流，都有自己的方向"等。

图3-110　央视公益广告文案

5. 颠倒法

颠倒法就是将一个词语中的文字次序颠倒或者运用一组相反的词语来表达双重意思，如天猫双十一的一组海报文案："把好的物品带回家，是为了把更好的状态带出门"和"扮成潮人，就是要不消失在人潮"。这无疑为剁手族提供了释放消费欲望的理由。

6. 反常识法

反常识法，顾名思义就是用文案表达一些颠覆惯有认知的道理，易于引发人们的好奇心，读来让人饶有兴致。鼓励用户坚守精神角落的豆瓣，告诉大家"最懂你的人，不一定认识你。"，如图3-111所示。

图3-111　豆瓣文案

二、高品质文案制作实训

本节内容以网易公开课这款产品为例进行实操演示，为其制作高品质文案。

1. 产品分析

图3-112所示，网易公开课是由中国领先的互联网技术公司——网易旗下的一款教育类产品，是公开的免费课程平台。网易公开课于2010年11月1日上线，是国内较早进入互联

网教育领域的产品，目前已拥有丰富的国内外知名高校精品课程、公开课，几乎涵盖了人文社科、艺术、金融等全部学科领域，同时还有 TED、可汗学院、名人演讲等独特优势产品。网易公开课一直坚持以免费为主，力求为爱学习的网友创造一个公开的免费课程平台，始终秉承开放、平等、协作、分享的互联网精神。

图 3-112　网易公开课官网

2. 卖点挖掘

首先，网易公开课针对的用户是热爱学习的广大网友，也就是目标用户基本涵盖了各学科门类、各种群体，只要热爱学习就行，这也是网易公开课追求丰富学习资源的初衷。

网易公开课拥有着丰富的学习资源，基本上可以说是只有你想不到的，没有网易公开课里面没有的。另外网易公开课还有 TED、可汗学院等优势资源，同时也为用户提供一部分付费的个性化选择课程，如图 3-113 所示。

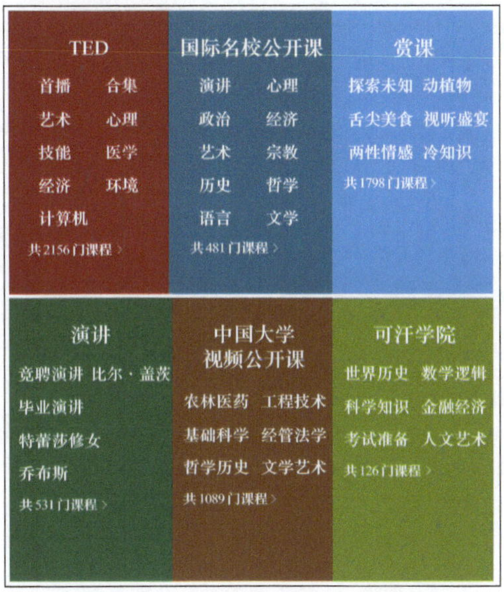

图 3-113　网易公开课课程资源

综上所述，可以确定网易公开课"课程资源极其丰富"这个卖点。

3．逻辑分析

根据前文所讲的文案逻辑，确定文案推广的目的是将网易公开课拥有大量的课程资源这个事实告诉热爱学习的网友，影响他们的态度。文案推广的目的是给这些网友们留下好印象，在他们需要学习的时候便知道可以下载网易公开课 APP，进而成为网易公开课的用户。独特的卖点已经明确，就是课程资源极其丰富。

接下来就是运用高品质文案制作技巧将卖点写进用户的记忆，那么应该怎么选择呢？网易公开课课程资源极其丰富，用户可以通过对各学科门类的广泛涉猎，不断学习知识和开阔眼界。而我们不断学习、丰富自己是为了什么？就是为了使自己更加有内涵，知道得更多，懂得更深，能够更加透彻地认识这个世界的本质。因此，可以形成"眼界"和"世界"的押韵，所以这里可以选择押尾韵法技巧，使文案朗朗上口。

4．制作文案

接下来就是将上面三个步骤的分析进行汇总，通过文字的雕琢，形成一个完整的句子，也就是我们要的推广文案："用你的眼界，探索未知的世界"。

 学生演练

通过互联网搜寻"沪江网校"（网址 https://class.hujiang.com/）教学平台的相关信息，如图 3-114 所示，根据上述演示步骤，为其制作一个文案。

图 3-114　沪江网校官网

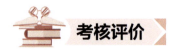 **考核评价**

掌握互联网产品文案的写作技巧考核评价表，见表 3-10。

表 3-10 掌握互联网产品文案的写作技巧考核评价表

序号	评价内容	得分 / 分			综合得分 / 分
		自评	组评	师评	
1	产品分析到位				
2	卖点挖掘精准				
3	文案表达精准到位，直击用户心理				
	合计				

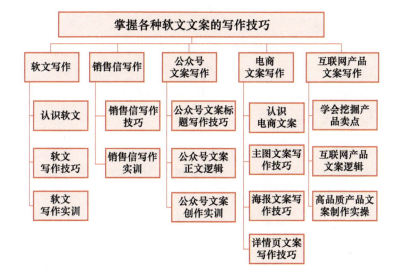

一、单选题

1．标题《100 个篮球免费送，拿了不用还》，属于（　　）标题。
　　A．客户见证型　　　　B．成交主张型　　　　C．问题型

2．文案写作分析的第一步是（　　）。
　　A．选题方向　　　　B．文案标题设置　　　　C．推广计划分析

3. 《花100元买130元商品》这是运用（　　）方法的海报文案制作技巧。
　　A．错觉折价　　　　　　B．超值一元　　　　　　C．临界价格
4. 小米公司在MIX系列首款手机上市推广时提出"全面屏"智能手机这个概念，是（　　）。
　　A．间接宣扬产品本身优势　　　　　　B．赋予产品特定的附加价值
　　C．附带企业品牌方面的卖点

二、多选题

1. 以下属于软文基本类型的是（　　）。
　　A．新闻型软文　　　　B．行业型软文　　　　C．企业型软文
2. 销售信标题策划可以分为（　　）。
　　A．主标题　　　　　　B．副标题　　　　　　C．小标题
3. 以下属于选题技巧的是（　　）。
　　A．看历史文章数据　　　　　　　　　　B．了解用户需求
　　C．紧紧围绕社会热点
4. 以下属于电商文案的类型的是（　　）。
　　A．主图文案　　　　　B．详情页文案　　　　C．销售信
5. 以下属于文案推广目的的是（　　）。
　　A．影响用户态度　　　B．促使用户行动　　　C．体现产品价值

三、填空题

1. 软文标题写作技巧中的_____，一般都是借助最新的热门事件，包括奥运会、世界杯等大事件。
2. 软文主要靠_____来表达效果，它起着介绍商品、树立商品的消费形象和推动购买的作用。
3. 一封销售信可以分为_____和_____两个模块。
4. 销售信的开头只有一个目的，那就是_____，让用户很自然地阅读第二段。
5. 紧紧围绕社会热点，结合_____或服务做营销，俗称"贴热点"，借势做选题。
6. 产品是文案写作素材的来源之一，文案的本质是_____。
7. 主图文案制作的第一步是_____。
8. 主图唯一的作用就是让消费者_____，所以说目标一定要明确。
9. 产品所提出的卖点一定要是用户的_____。
10. _____，顾名思义就是用文案表达一些颠覆惯有认知的道理，易于引发人们的好奇心，读来让人饶有兴致。

参 考 文 献

[1]　王向军. 网络编辑实务 [M]. 成都：西南交通大学出版社，2019.

[2]　卢金燕. 网络编辑实务项目教程 [M]. 西安：西安电子科技大学出版社，2018.

[3]　金力，刘路悦. 网络编辑实训教程 [M]. 北京：北京大学出版社，2010.

[4]　王欣. 网络编辑 [M]. 北京：机械工业出版社，2017.

[5]　詹新惠. 新媒体编辑 [M]. 北京：中国人民大学出版社，2013.

[6]　陈倩倩. 新媒体文案写作与编辑 [M]. 北京：中国人民大学出版社，2019.

[7]　杨嫚，周茂君. 新媒体内容生产与编辑 [M]. 重庆：西南师范大学出版社，2018.